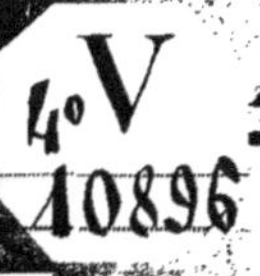

BIBLIOTHEQUE ========= N° 173
D'ENSEIGNEMENT POLYTECHNIQUE

Publiée sous la direction de M. J. Galopin ✠ ❀ I.

CALCULS NAUTIQUES

Professeur : M. VALLEREY

Inspecteur d'Hydrographie (R.)

Édition et Propriété de l'École du Génie Civil

152, Avenue de Wagram

—: PARIS :—

L'Enseignement par Correspondance

SES AVANTAGES

L'enseignement par correspondance créé en Amérique où il est fort répandu, n'a aucun rapport avec d'autres méthodes d'enseignement par correspondance, qui s'ouvrent chaque jour. Cet enseignement, qui a exigé près de quinze années d'efforts ininterrompus, se plie à toutes les situations, à toutes les exigences, évite tout dérangement à l'élève qui peut n'y consacrer que ses moments de loisirs. Il permet à tous de conquérir une situation ou d'améliorer une situation déjà acquise.

L'enseignement est individuel ; l'élève en fixe lui-même le commencement et la durée ; les leçons qu'il reçoit lui sont personnelles.

Le bagage de l'enseignement par correspondance se compose

1° D'ouvrages édités par l'Ecole, spécialement pour l'étude chez soi ;

2° De séries d'exercices englobant toute la substance des cours et exigeant pour être traitées la connaissance approfondie de ces cours, parfaitement gradués et très bien corrigés.

3° D'un tableau de travail ou plan d'études fixant, pour chaque période de travail dont la durée varie à la volonté de l'élève, suivant le temps dont l'élève dispose, la partie du cours à apprendre et la série d'exercices à rédiger.

La marche de l'enseignement est très facile à comprendre. L'élève apprend d'abord la partie du cours indiquée par son plan d'études, traite ensuite les devoirs correspondants et les retourne à l'Ecole pour correction. Ces devoirs, revêtus de notes, critiques et solutions du professeur, parviennent à l'élève, qui s'en pénètre et passe ensuite utilement à la tâche suivante, fixée par le tableau de travail. Un service spécial suit les études de l'élève, le dirige et le conseille dans son travail.

LES RAISONS DE NOTRE SUCCÈS

Nous résumons succinctement les causes des brillants succès de l'Ecole. Les personnes désireuses d'être complètement renseignées sur son fonctionnement n'auront qu'à demander le **Programme officiel qui leur sera adressé gratuitement par la Direction.**

1° L'Ecole ne faisant aucun bénéfice sur son enseignement a pu établir des prix de préparation qu'**aucun établissement commercial** ne pourrait faire, à **valeur égale d'Enseignement.**

2° Etant la seule Ecole de ce genre qui **soit subventionnée** en raison de la haute valeur de son enseignement et **recevant chaque année de nouvelles subventions**, le prix de ses préparations va sans cesse en diminuant tandis que le nombre des cours augmente continuellement

3° Son personnel, très sévèrement sélectionné, ne se compose que de professeurs, d'ingénieurs ou d'officiers ayant tous une certaine célébrité par les travaux qu'ils ont faits.

4° **Les professeurs enseignent par correspondance les cours qu'ils professent sur place. C'est la seule Ecole par Correspondance qui jouisse de cet avantage.**

5° La moyenne des élèves reçus aux concours et examens a été jusqu'ici extrêmement élevée.

6° Chacun peut s'instruire sans que personne ne le sache, **même en suivant des cours dans une autre Ecole.**

7° Tous les élèves se préparant aux carrières industrielles ou non reçus aux examens **sont rapidement placés par les soins de l'Association des Anciens Elèves de l'Ecole.**

8° Grâce aux nombreux ouvrages de l'Ecole (800 cours imprimés ou autographiés), réimprimés chaque année, les élèves ont non seulement les plus grandes facilités pour s'instruire, mais lorsqu'ils ont quitté l'Ecole, ils peuvent encore suivre très rapidement les progrès réalisés chaque jour dans la Mécanique ou les Sciences.

9° Les diplômes de l'Ecole sont très appréciés dans l'Industrie, le Commerce, la Marine marchande, etc., à cause des capacités reconnues de nos élèves.

C'est d'ailleurs la seule Ecole qui délivre pour toutes les branches de l'Industrie des diplômes à tous les Grades **(Apprentis, Contremaitres, Conducteurs, Dessinateurs, Sous-Ingénieurs, Ingénieurs),**

10° Les anciens Elèves sont groupés en Association, ce qui permet à tous les adhérents de la Société d'être prévenus immédiatement des divers avantages pouvant les intéresser. (Demander les statuts).

11° Une revue technique mensuelle, " *La Revue Polytechnique* " qui a justement et très rapidement acquis une place dans la littérature technique, traite de sujets originaux et fort intéressants. Elle est remise gratuitement, chaque mois, aux anciens Elèves. (Prix d'un spécimen, 1 fr.) Un annuaire des Anciens Elèves indique toutes les situations occupées par ces derniers.

Un bulletin mensuel est de plus l'organe de la Société des Anciens Elèves qui le reçoivent **gratuitement.**

12° Les ouvrages de l'Ecole du Génie Civil sont adoptés par les Ecoles de la Marine et par de **nombreuses Ecoles Industrielles. (Ecoles d'Arts et Métiers, Instituts Electro-techniques, Ecoles de Mécaniciens, etc.).**

ÉCOLE DE NAVIGATION

SOUS LE HAUT PATRONAGE DE L'ÉTAT

152, Avenue de Wagram — PARIS —

ENSEIGNEMENT SUR PLACE ET PAR CORRESPONDANCE

DIRECTEUR : M. Julien GALOPIN ✸❂I,

CALCULS NAUTIQUES

Explication détaillée de tous les Calculs Nautiques

exigés aux Examens de la Marine Marchande

(Types 1929)

Professeur : M. VALLEREY

Inspecteur d'Hydrographie (R)

ÉDITION ET PROPRIÉTÉ DE L'ÉCOLE DU GENIE CIVIL

École de Navigation Maritime et Aérienne de Paris.

Explication

détaillée de tous les

Calculs nautiques

exigés aux Examens de la Marine Marchande.

— Types 1929. —

Avertissement.

On trouvera, dans ce recueil, l'explication détaillée de tous les calculs officiels exigés, aux examens de la Marine Marchande (Arrêtés Ministériels des 17 Juin 1927 et 2 Juin 1928).

Afin d'éviter des redites, nous exposons d'abord, en détail, l'usage pratique des "Ephémérides Nautiques" dans tous les cas utiles à la navigation.

Suivent quelques règles générales applicables à presque tous les types de calculs.

On devra lire très attentivement ces règles, afin de les appliquer sans hésitation.

Les calculs demandés à chaque catégorie de candidats sont :

<u>Elèves-Officiers de la Marine Marchande</u> : les 23 premiers calculs et les calculs 26 et 29 des "Types officiels".

<u>Lieutenants au long Cours</u> : les 34 calculs des "Types officiels"

<u>Capitaines au long Cours</u> : combinaison quelconque de tous les calculs ci-dessus, et, en outre, tous calculs se rapportant à la conduite pratique du compas, chronomètres, orthodromie, etc...

<u>Capitaines de la Marine Marchande</u>, théorie : les 22 premiers calculs.

<u>Capitaines de la Marine Marchande</u> - application : les 31 premiers calculs et tous calculs comportant une combinaison quelconque de ces 31 premiers calculs.

<u>Compléments de Capitaine au cabotage à Capitaine de la Marine Marchande</u> : les calculs 20 à 31 inclus.

Les seuls ouvrages autorisés, à l'examen, pour l'exécution des calculs nautiques sont :

Les éphémérides nautiques (E.N.) de l'année de l'examen ;

l'annuaire des marées des côtes de France ;
une table de logarithmes : Friocourt ou Constan ;
une table d'azimuts, au choix du candidat, chiffrée ou graphique.

Désignation des Tables utilisées dans les calculs officiels.

E.N.T X	Éphémérides nautiques Table X
CB.MB ou TB	Carnet, Mignonnette ou Tablette Bertin
B.T II	Bataille Table II
C.T III	Constan Table III
G.T II	Table Graphiques Constan Table II

Table des Ephémérides Nautiques.
Soleil : ☉

La partie des EN qui se rapporte au ☉, est disposée, comme suit, à raison d'un mois par page. Le bas des pages de droite donne les p.p. de 6ʰ à 12ʰ ou de 95° à 180°.

Soleil — Mars 19

		À minuit temps civil de Greenwich (0ʰ Tcp).						À midi vrai Greenwich	
Jour du mois	Ascension droite AR_v ☉	Déclinaison sud — nord + D_o ☉	Var. pour 1ʰ	Temps sidéral ou AR_c $AR_{co}=AR_m+12^h$	Temps vrai ou $Tc_o=12+Em$	Var. pour 1ʰ	Temps civil ou $12+E$ v 12	Demi-diamètre d ☉
Mars	h. m. s.	° ′	′	h m s	h m s	s	h m s	′
Jeud. 1	22 46 47	−7 45′,4	0,95	10 34 12	11 47 24	0,5	12 12 30	16,16
Vend. 2	22 50 32	7 22,6	0,95	10 38 8	11 47 36	0,5	12 12 18	16,16
Sam. 3	22 54 16	6 59,7	0,96	10 42 5	11 47 49	0,5	12 12 5	16,15
Dim. 4	22 58 0	6 36,7	0,96	10 46 1	11 48 1	0,6	12 11 52	16,15
Lund. 5	23 1 43	6 13,6	0,96	10 49 58	11 48 15	0,6	12 11 38	16,15
Mard. 6	23 5 26	−5 50,5	0,97	10 53 54	11 48 28	0,6	12 11 24	16,14
Mer. 7	23 9 8	5 27,2	0,97	10 57 51	11 48 43	0,6	12 11 10	16,14
Jeud. 8	23 12 50	5 3,9	0,97	11 1 48	11 48 57	0,6	12 10 55	16,13
Vend. 9	23 16 32	4 40,5	0,98	11 5 44	11 49 12	0,6	12 10 40	16,13
Sam. 10	23 20 13	4 17,0	0,98	11 9 41	11 49 27	0 7	12 10 25	16,13
Dim. 11	23 23 54	−3 58,5	0,98	11 13 37	11 49 43	0,7	12 10 9	16,12
Lund. 12	23 27 35	3 30,0	0,98	11 17 34	11 49 59	0,7	12 9 53	16,12
Mard. 13	23 31 15	3 6,4	0,98	11 21 30	11 50 15	0,7	12 9 36	16,11
Merc. 14	23 34 55	2 42,7	0,99	11 25 27	11 50 32	0,7	12 9 20	16,11
Jeud. 15	23 38 35	2 19,1	0,99	11 29 23	11 50 48	0,7	12 9 3	16,10
Vend. 16	23 42 15	−1 55,4	0,99	11 33 20	11 51 5	0,7	12 8 46	16,10
Sam. 17	23 45 54	1 31,7	0,99	11 37 17	11 51 23	0,7	12 8 29	16,09
Dim. 18	23 49 33	1 8,0	0,99	11 41 13	11 51 40	0,7	12 8 11	16,09
Lund. 19	23 53 12	0 44,2	0,99	11 45 10	11 51 57	0,7	12 7 54	16,08
Mard. 20	23 56 51	−0 20,5	0,99	11 49 6	11 52 15	0,7	12 7 36	16,08
Merc. 21	0 0 30	+0 3,2	0,99	11 53 3	11 52 33	0,7	12 7 18	16,08
Jeud. 22	0 4 8	0 26,9	0,99	11 56 59	11 52 51	0,8	12 7 0	16,07
Vend. 23	0 7 47	0 50,6	0,99	12 0 56	11 53 9	0,8	12 6 42	16,07
Sam. 24	0 11 25	1 14,3	0,99	12 4 52	11 53 27	0,8	12 6 24	16,06
Dim. 25	0 15 4	1 37,9	0,98	12 8 49	11 53 45	0,8	12 6 5	16,06
Lund. 26	0 18 42	+2 1,5	0,98	12 12 46	11 54 4	0,8	12 5 47	16,05
Mard. 27	0 22 20	2 25,0	0,98	12 16 42	11 54 22	0,8	12 5 29	16,05
Merc. 28	0 25 58	2 48,5	0,98	12 20 39	11 54 40	0,8	12 5 11	16,04
Jeud. 29	0 29 37	3 11,9	0,98	12 24 35	11 54 58	0,8	12 4 52	16,04
Vend. 30	0 33 15	3 35,3	0,97	12 28 32	11 55 17	0,8	12 4 34	16,04
Sam. 31	0 36 53	+3 58,6	0,97	12 32 28	11 55 35	0,8	12 4 16	16,03
S.m. 1	0 40 32	+4 21,8	0,97	12 36 25	11 56 53	0,8	12 3 58	16,03

Var. pour 1^h	Parties proportionnelles pour les unités et les dixièmes de la variation.																	
	Temps moyen ou Longitude.																	
	$0^h\,20^m$	$0^h\,40^m$	$1^h\,0^m$	$1^h\,20^m$	$1^h\,40^m$	$2^h\,0^m$	$2^h\,20^m$	$2^h\,40^m$	$3^h\,0^m$	$3^h\,20^m$	$3^h\,40^m$	$4^h\,0^h$	$4^h\,20^m$	$4^h\,40^m$	$5^h\,0^h$	$5^h\,20^m$	$5^h\,40^m$	$6^h\,0^h$
	5°	10°	15°	20°	25°	30°	35°	40°	45°	50°	55°	60°	65°	70°	75°	80°	85°	90°
0,1	0,0	0,1	0,1	0,1	0,2	0,2	0,2	0,3	0,3	0,3	0,4	0,4	0,4	0,5	0,5	0,5	0,6	0,6
2	0,1	0,1	0,2	0,3	0,3	0,4	0,5	0,5	0,6	0,7	0,7	0,8	0,9	0,9	1,0	1,1	1,1	1,2
3	0,1	0,2	0,3	0,4	0,5	0,6	0,7	0,8	0,9	1,0	1,1	1,2	1,3	1,4	1,5	1,6	1,7	1,8
0,4	0,1	0,3	0,4	0,5	0,7	0,8	0,9	1,1	1,2	1,3	1,5	1,6	1,7	1,9	2,0	2,1	2,3	2,4
5	0,2	0,3	0,5	0,7	0,8	1,0	1,2	1,3	1,5	1,7	1,8	2,0	2,2	2,3	2,5	2,7	2,8	3,0
6	0,2	0,4	0,6	0,8	1,0	1,2	1,4	1,6	1,8	2,0	2,2	2,4	2,6	2,8	3,0	3,2	3,4	3,6
0,7	0,2	0,5	0,7	0,9	1,2	1,4	1,6	1,9	2,1	2,3	2,6	2,8	3,0	3,3	3,5	3,7	4,0	4,2
8	0,3	0,5	0,8	1,1	1,3	1,6	1,9	2,1	2,4	2,7	2,9	3,2	3,5	3,7	4,0	4,3	4,5	4,8
9	0,3	0,6	0,9	1,2	1,5	1,8	2,1	2,4	2,7	3,0	3,3	3,6	3,9	4,2	4,5	4,8	5,1	5,4
1,0	0,3	0,7	1,0	1,3	1,7	2,0	2,3	2,7	3,0	3,3	3,7	4,0	4,3	4,7	5,0	5,3	5,7	6,0
1	0,4	0,7	1,1	1,5	1,8	2,2	2,6	2,9	3,3	3,7	4,0	4,4	4,8	5,1	5,5	5,9	6,2	6,6
2	0,4	0,8	1,2	1,6	2,0	2,4	2,8	3,2	3,6	4,0	4,4	4,8	5,2	5,6	6,0	6,4	6,8	7,2

Dates et heures en temps civil.

Le temps moyen civil de Greenwich étant réglementairement représenté par Tmp (et non par Top), dans les cours et dans les calculs de la Marine Marchande, on aura soin de remplacer $(0^h\,Top)$ par $(0^h\,Tmp)$ en haut de chaque page des Éphémérides du Soleil.

De plus, au-dessous des indications qui se trouvent en haut de chaque colonne, on aura soin d'inscrire les notations officielles correspondantes :

$$AR_v. \qquad D_☉ \qquad AR_{e_0} = AR_{m_0} + 12^h \qquad E_c = 12^h + E_{m_0} \qquad 12 + Ev_n \quad d_☉$$

comme nous l'avons d'ailleurs fait dans la feuille spécimen ci-dessus.

On notera que l'indice 0 ou 12 indique l'heure civile correspondante :

0 pour minuit , 12 pour midi.

Ceci fait, on voit que les EN fournissent, chaque jour, à $0^h\,Tmp$:

L'ascension droite vraie AR_{V_0} ;

La Déclinaison $D_e \odot$ et sa variation en 1^h de temps moyen : cet élément est précédé du signe $+$ quand il est Nord, du signe $-$ quand il est Sud.

Le temps sidéral à $0^h T_{mp}$, c'est-à-dire l'ascension droite du Soleil civil. Comme le Soleil civil n'est pas utilisé dans les calculs d'examen de la Marine Marchande on se servira de AR_e pour en déduire AR_{m_0}, c'est-à-dire l'ascension droite du Soleil moyen, et comme on a :

$$AR_e = AR_m + 12^h$$

il en résulte que pour avoir AR_m connaissant AR_e, il suffira d'ajouter 12^h à AR_e lorsque cet élément sera inférieur à 12^h, d'en retrancher 12^h quand cet élément surpassera 12^h.

Le temps vrai, c'est-à-dire l'équation du Soleil civil moyen, qui a pour valeur : $E_e = 12^h + E_m$. A l'aide de cette colonne, on calculera donc E_e pour l'heure donnée, puis on en déduira E_m exclusivement utilisée dans les calculs par la relation algébrique :

$$E_m = E_e - 12^h$$

De sorte que si l'on voulait E_V au même instant on aurait algébriquement :

$$E_V = - E_m = 12^h - E_e$$

Les E.N. fournissent aussi, pour chaque midi vrai de Greenwich, c'est-à-dire pour $12^h T_{vp}$:

Le temps civil, appellation qui sera désignée par $12^h + E_{V\,12}$.

Le demi-diamètre $d \odot$ du Soleil.

Enfin, au bas des pages relatives au Soleil, se trouve un tableau de parties proportionnelles permettant d'obtenir très rapidement une partie proportionnelle en fonction de l'heure civile (ou de la longitude) et de la variation horaire de l'élément que l'on calcule.

Dans ce tableau, l'argument varie de 0^h à 12^h (pages de gauche de 0^h à 6^h; pages de droite de 6ʰ à 12ʰ) et de 20ᵐ en 20ᵐ de sorte que, pour tous les calculs de navigation, sauf ceux relatifs au réglage des chronomètres, il suffit toujours de faire les pp. avec l'argument du tableau le plus voisin de l'argument de calcul.

Comme Tmp varie de 0ʰ à 24ʰ, tandis que le tableau ne donne les pp. que pour un argument inférieur à 12ʰ, on devra toujours partir de l'élément des E.N. qui correspond au minuit (ou midi) le plus voisin de TMP (ou Tvp).

L'argument de calcul et la date seront donc :
Tmp et sa date lorsque Tmp est inférieur à 12ʰ ;
24ʰ — Tmp et la date qui suit celle du Tmp, lorsque Tmp est supérieur à 12ʰ.

Pour plus de précision dans les pp. on pourra, lorsque les résultats indiqués dans deux colonnes voisines du tableau différeront sensiblement, faire une interpolation à vue pour obtenir le résultat correspondant à l'argument de calcul.

Les exemples ci-après achèveront de préciser la manière de procéder pour calculer les divers éléments astronomiques utilisés dans les calculs

---

Calcul d'un élément correspondant à une heure civile donnée.

1ᵉ. — Calculer $R_V \odot$ pour Tmp = 4ʰ 26ᵐ 17ˢ le 20 Mars

4ʰ 26ᵐ 17ˢ le 20 Mars étant comprise entre 0ʰ le 20 Mars et 0ʰ le 21 Mars (ou 24ʰ le 20 Mars), l'élément que nous cherchons aura une valeur comprise entre R_{V_0} le 20 et R_{V_0} le 21. Cette dernière valeur étant plus grande que la précédente, et Tmp étant inférieur à 12ʰ, nous partirons de R_{V_0} le 20 et nous aurons à lui ajouter une pp. qu'il s'agit de calculer.

Les E.N. ne donnant pas la variation en 1ʰ de cet élément, nous dirons : R_{V_0} le 21 étant de 24ʰ 00ᵐ 00ˢ et sa valeur le 20 étant de $23^h 56^m 51^s$, en 24^h, la variation de l'élément est de $3^m 39^s$ ou 219^s. La variation en 1 heure sera donc $219^s : 24$, ou $9^s,12$.

Par conséquent, si $\mathcal{R}v$ varie de $9^s,12$ en 1^h, en $4^h 26^m$ (on néglige les 17^s) ou $4^h,43$ (CTA) la variation sera de $438^s,57$ ou, en arrondissant au dixième, de $38^s,6$, nous écrirons donc :

$$\mathcal{R}v_0 = 23^h 56^m 51^s,0$$
$$pp. = \underline{\quad + \quad 38\,,6\quad}$$
$$\mathcal{R}v = 23^h 57^m 29^s,6 \quad \text{le 20} \quad \text{à } 4^h 26^m$$

Lorsque la variation horaire d'un élément, des EN est supérieure à 1.2, valeur maxima du tableau de pp., il est toujours préférable de calculer directement la correction en faisant le produit de Tmp par la variation horaire, Tmp ayant été au préalable transformé en heures, dixièmes et centièmes, le résultat étant ensuite arrondi au dixième.

$2°.\_$ Calculer $D\odot$ et E_m pour $Tmp = 19^h 47^m 10^s$ le 20 Mars.

Tmp étant plus grand que 12^h, c'est-à-dire plus voisin de 0^h le 21 que de 0^h le 20, nous partirons des éléments donnés pour 0^h le 21 et nous interpolerons en remontant avec un argument égal à $24^h 00^m - 19^h 47^m$, c'est-à-dire $4^h 13^m$.

Les calculs se disposent comme suit :

Date : 21 Mars $\qquad\qquad$ $Arg^t : -\ 4^h 13^m$

$$D_0 \odot = + 0° 03',2\ N \qquad 0,9 \ldots\ldots 3'8 \qquad E_{c_0} = 11^h 52^m 33^s$$
$$pp = \underline{\quad - \quad 4'2 \quad} \qquad 0,09 \ldots\ldots 0,'38 \qquad pp = \underline{\quad - \quad 2,9 \quad}^{\ 0,7\ldots 2,9}$$
$$D\odot = 0° 01',0\ S. \qquad pp = 4,'18 \qquad E_c = 11^h 52^m 30^s,1$$
$$E_m = E_c - 12^h = - 0^h 07^m 29^s,9$$

Pour calculer les p.p. nous remarquerons que la déclinaison et E_c diminuent du 21 au 20 c'est-à-dire quand on interpole en remontant ; ces corrections sont donc soustractives c'est-à-dire négatives.

De plus, comme les différences entre les colonnes $4^h 00^m$

et $4^h 20^m$ du bas de la page sont assez importantes , nous interpolerons à vue entre ces deux colonnes : le calcul détaillé du pp. , indiqué à droite de chaque élément , ci-dessus nous dispense d'entrer dans de plus amples détails au sujet de l'exécution de ce calcul de pp.

Il y a lieu de remarquer que la pp. de la déclinaison était soustractive et supérieure à la valeur de D_0, la déclinaison pour $19^h 47^m 10^s$ sera de nom contraire à D_0 , c'est-à-dire Suel.

3° . — Calculer $\mathcal{R}_m$ pour $Tmp = 8^h 17^m 28^s$ le 7 Mars.

Les E.N. ne donnant pas la variation de cet élément en 1^h, le calcul de la pp. se fait soit à l'aide de la TX des E.N. , soit à l'aide de la T.E (Constan) ou XXXVIII (Friocourt). Le calcul se dispose alors et s'effectue comme suit :

	CTE ou FT XXXVIII	EN TX
$\mathcal{R}_{m_0} = 22^h 57^m 51^s$	pour 8^h ..... $1^m 18^s.852$	pour $8^h 17^m$
$pp = + 1^m 21^s.7$	" 17^m 2.793	$1^m 21^s 6$
$\mathcal{R}_m = 22^h 59^m 12^s,7$	" 28^s 0.077	
	pp ...... $1^m 21^s.722$	

La correction est positive puisque $\mathcal{R}_m$ croît avec Tmp. Pour $18^h 23^m 42^s$ le même jour, on aurait :

	CTE ou FT XXXVIII	EN TX
$\mathcal{R}_{m_0} = 23^h 01^m 48^s$ le 8	pour 5^h ..... $2^m 49^s 282$	pour $5^h 36^m$ ... $0.55'2$
$pp = + 0 55 ,2$	" 36^m 5.914	
$\mathcal{R}_m = 23^h 00^m 52^s,8$	" 18^s 0.049	
	pp ...... $0^m 55^s.245$	

Le calcul est suffisamment exact par les EN , bien que moins précis que par les Tables Constan ou Friocourt.

4° . — Calculer $12^h + E_v$ pour $Tvp = 17^h 50^m$. le 10 Mars.

De 12^h à $17^h 50^m$ il y a un intervalle de $5^h 50^m$ en plus. L'élément allant en diminuant vers le bas , la pp. sera négative et nous aurons :

$$12^h + E_v\,12 = 12^h\,10^m\,25^s$$
$$pp\ pour + 5^h 50^m = \quad - \quad 4^s,1 \qquad\qquad 0^s,7 \ldots\ldots\ 4^s,1$$
$$pp. \quad = 12^h\,10^m\,20^s,9$$

Pour faire le calcul de pp. nous remarquerons que la variation de E_v est la même que celle de E_m au signe près.

5°. — Le demi-diamètre se prend toujours à vue pour la date de Tmp.

Lune : ☾

La partie des EN qui concerne la Lune se divise en deux parties distinctes :

A. — Dans la première (pages 16 à 39), on trouve, pour tous les jours de l'année, de trois heures en trois heures temps moyen civil de Greenwich, l'ascension droite R_0 ☾, R_3 ☾ R_6 ☾, et la déclinaison D_0 ☾, D_3 ☾, D_6 ☾, avec, en regard, la variation de ces éléments en une heure de temps moyen. Dans une dernière colonne à droite, on trouve également la parallaxe horizontale de la Lune ℼ ☾

Pour calculer R ☾ ou D ☾, on procèdera comme pour le calcul de R_v ☉ en partant de l'élément le plus voisin de Tmp contenu dans les EN et en faisant bien attention au signe de la correction et à l'argument à employer. On aura alors :

$$pp = \text{variation en } 1^h \times \text{argument}$$

Ainsi, par exemple, si on donne Tmp $= 11^h 20^m$, comme $11^h 20^m$ est plus près de 12^h que de 9^h, on partira de R_{12} ☾ et D_{12} ☾ et on calculera la pp pour un argument égal à $12^h 00^m - 11^h 20^m$, c'est-à-dire $0^h 40^m$ (CTA) de $0^h,766$. Si par exemple, la variation en

$\mathcal{R}$ ☽ en regard de 12^h est, ce jour-là, de $114^s,3$, on aura :

$$-pp = 114^s,3 \times 0,766 = 87^s,55 \text{ ou } 1^m 27^s,5$$

B.— Dans la deuxième partie des éphémérides lunaires (pages 40 à 53) destinée à faciliter les calculs résultant d'observations méridiennes de cet astre, on trouve pour tous les jours de l'année, et pour les méridiens 12^E, $6^h E$, 0^h et $6^h W$, la déclinaison et l'heure temps moyen civil local du passage de la Lune à ces divers méridiens avec, en regard, la variation de ces éléments pour 1^E de longitude.

Pour calculer D☽ ou l'heure temps moyen civil local au moment du passage à un méridien donné G_e, on entrera donc dans les EN avec la date, et on lira l'élément correspondant au méridien G le plus voisin du méridien G_e; on lira également la variation pour 1^E de longitude et l'on regardera si, pour passer de la longitude G à la longitude G_e, la correction devra être positive ou négative. On aura alors :

$$pp = \text{variation pour } 1^E \text{ de longitude} \times (G - G_e) \dots \text{ ou } \times (G_e - G)$$

Quelle que soit la partie des éphémérides lunaires utilisée, il y aura avantage, à notre avis, à faire le calcul tel qu'il est indiqué ci-dessus au lieu d'aller chercher les Tables de pp. pour la Lune qui se trouvent pages 54 à 61. Bien entendu, $G - G_e$ ou $G_e - G$ seront exprimés en heures, dixièmes, centièmes et millièmes (C.T.A) puis le résultat de la multiplication sera arrondi au dixième.

Nota.— Les jours où la Lune n'est pas observable (époque de la nouvelle Lune) les Éphémérides méridiennes de la Lune ne donnent la déclinaison et l'heure du passage que pour le méridien 0^E, c'est-à-dire pour le méridien de Greenwich.

Remarque.— Le demi-diamètre de la Lune ne se trouve ni dans la première, ni dans la seconde partie des éphémérides de la Lune. Lorsque l'on veut connaître le demi-diamètre, un certain jour, on se rappellera que l'on a :

$$d\,\llcorner = \pi\,\llcorner\,\frac{r'}{r}$$

$\llcorner$ étant la parallaxe de la Lune, r' son rayon, et r celui de la Terre.

Le rapport $\frac{r'}{r}$ étant égal à $\frac{3}{11}$ ou $0,273$, on a donc :

$$d\,\llcorner = 0,273\,.\,\pi\,\llcorner$$

La Table VI des EN, page 93, donne le demi-diamètre de la Lune en fonction de sa parallaxe par une simple addition.

Supposons, par exemple, que l'on veuille avoir $d\,\llcorner$ sachant qu'à l'instant considéré on a : $\pi\,\llcorner = 56'',4$. On aura :

$$\text{EN T. VI} : \begin{cases} \text{pour } 55' \ldots\ldots\ldots & 15',0 \\ pp \text{ pour } 0'',4 \ldots\ldots & 0',11 \end{cases}$$

$$d\,\llcorner = 15',11$$

Planètes.

La partie des EN qui concerne les planètes donne, pour tous les jours où les astres sont observables, l'ascension droite et la déclinaison des planètes utilisables par les marins avec, en regard, la variation de ces éléments en 1 heure : ces éléments sont donnés pour 0^h Tmp.

Dans une dernière colonne, à droite, les EN donnent, pour chaque jour, le temps moyen civil du passage de ces mêmes planètes au méridien supérieur de Greenwich, mais non la variation de cet élément pour une heure de longitude, de sorte que pour avoir cette variation on devra la calculer en retranchant l'heure de passage à Greenwich le jour considéré de l'heure du passage le lendemain, si la longitude est W, et en divisant la différence par 24^h. Si la longitude était E, il faudrait calculer la variation de l'heure du passage pour 1^h de longitude, en retranchant de l'heure du passage à Greenwich le jour considéré, l'heure du passage de la veille

Il ne faut pas oublier, en effet, que la planète passe aux méridiens situés à l'E de Greenwich _avant_ de passer au premier méridien, tandis qu'ils passent aux méridiens situés à l'W de Greenwich _après_, être passés au premier méridien.

Le calcul des pp. se fait exactement comme celui du calcul de R, Θ. On aura donc :

$$pp = \text{variation en } 1^h \times Tmp \quad [\text{ou} \times (24^h - Tmp)]$$

car, pour le calcul d'R et de D, l'argument est Tmp, ou $24^h - Tmp$, selon que l'heure pour laquelle on calcule ces éléments est $<$ ou $> 12^h$.

On aura de même la variation de l'heure du passage en effectuant le calcul :

$$pp. = \text{variation pour } 1^\ell \text{ de longitude} \times G.$$

Comme dans tous les calculs de pp. on aura soin d'examiner quel est le signe à donner à la pp. en regardant comment varient les éléments des EN.

Pages 78 à 81, on trouve dans les EN des tableaux permettant de calculer les pp., mais nous estimons préférable, comme pour la Lune, de faire le calcul direct en ayant soin, bien entendu, de transformer Tmp en heures et fractions décimales d'heure (C.T.A), ou les longitudes en temps (C.T.B.), puis en heures et fractions décimales d'heures (C.T.A).

Étoiles.

A.— Polaire.

De la page 82 à la page 85, les EN fournissent tous les éléments nécessaires pour les calculs de latitude et variation par la Polaire.

Tout d'abord, pages 82 et 83, on trouve, pour tous les jours de l'année, et pour 0^h Tmp, la correction à faire subir à Tmp pour en déduire l'angle horaire astronomique Hap de la Polaire au même instant.

Comme on sait que l'on a :

$$Hap_0 = Tmp_0 + \mathcal{R}m_0 + 12^h - \mathcal{R}a_0$$

on voit que les nombres lus dans les colonnes "Angle horaire moins temps civil" représentent la correction :

$$Ep_0 = \mathcal{R}m_0 + 12^h - \mathcal{R}a_0$$

Cet élément étant donné pour minuit moyen, on trouve, page 85, une Table B qui donne la pp. à ajouter à Ep_0 pour obtenir Ep à l'heure Tmp pour laquelle cet élément doit être calculé.

On aura donc :

$$Ep = Ep_0 + T.B. \quad \text{et} \quad Hap = Tmp + Ep$$

puis :

$$Hag = Hap - G$$

Les EN contiennent, page 84, une Table donnant, en fonction de la latitude et de Hag, l'azimut Z_v de la Polaire et, page 85, une autre Table, la Table A, faisant connaître la correction $- \Delta \cos P$ à faire à la hauteur H_v de la Polaire pour en déduire la latitude.

Les explications et exemples donnés, pages 84 et 85, nous dispensent de plus amples détails à ce sujet.

B.— Étoiles quelconques.

De la page 86 à la page 91, les E.N. donnent de soixante jours en soixante jours, l'$\mathcal{R}$ et la D des étoiles principales à leur passage supérieur au méridien de Greenwich.

Il est donc facile, par une interpolation à vue, d'avoir ces éléments pour un jour donné quelconque. Si n est le nombre de jours séparant la date donnée de la date la plus voisine, lus dans les EN, on aura en effet :

$$pp. = \frac{\text{différence en 60 jours} \times n}{60}$$

Les E N sont terminées par un certain nombre de Tables d'usage courant, parmi lesquelles nous citerons plus particulièrement :

Les T. I. II et III donnant les refractions moyennes ainsi que les corrections de cet élément pour la température et la pression barométrique.

Les T. IV donnant la dépression apparente de l'horizon pour une élévation de l'œil variant de 0^m50 à 50^m.

Les T. V donnant la parallaxe en hauteur $\varpi\,\odot$

La T. VI donnant le demi-diamètre de la Lune $d\,\mathbb{C}$.

La T. XII donnant l'amplitude et l'angle au Pôle d'un astre à son lever ou à son coucher vrais.

La T. XIII donnant le temps approximatif qu'un astre met à s'élever ou à s'abaisser de 50' près de l'horizon.

La T. XIV donnant la variation de l'amplitude lorsque l'astre s'élève ou s'abaisse de 50' près de l'horizon.

La T. XV qui est une Table de Point analogue à la T. IV de Friocourt, mais moins volumineuse.

Règles générales communes
à un grand nombre de calculs.

Correction des routes au compas et problème inverse.

On corrige une route au compas au moyen des formules suivantes :

$$Ce + dév. = Cm \; ; \quad (1)$$
$$Cm + D = Cv \; ;$$
$$Cv + dér. = Rv \; ;$$

ou bien encore, si la variation est connue :

$$Ce + W = Cv \; ;$$
$$Cv + dér. = Rv \; ;$$

(1). La Déviation sera prise dans le tableau ou sur le diagramme Napier pour le cap au compas donné, Ce..

Ces formules sont algébriques. On donne le signe + aux quantités NE, SW, T, et le signe — aux quantités NW, SE, B.

On peut d'ailleurs opérer en considérant les noms comme des signes.

On fait valoir une route vraie en appliquant les formules suivantes :

$$R_v - \text{dér.} = C_v ;$$
$$C_v - D = C_m ;$$
$$C_m - \text{dév.} = C_c \ (1).$$

ou bien encore si la variation est connue :

$$R_v - \text{dév.} = C_v ;$$
$$C_v - W = C_c .$$

Le signe — dans ces cinq formules, signifie qu'il faut changer le signe (ou le nom) des quantités dérive, déclinaison, déviation, variation.

Connaissant le chemin EW, e, trouver le changement en longitude g.

J'entre dans la table de point (F.T IV ; EN.T XV) avec la latitude moyenne comme angle de route. Je cherche le chemin E O, e dans la colonne NS, et je trouve, sans calcul, le changement en longitude, g, dans la colonne des milles.

Connaissant le changement en longitude, g, trouver le chemin E O, e.

J'entre dans la table de point avec la latitude moyenne comme angle de route ; je cherche G dans la colonne des milles, je trouve le chemin EO, e, dans la colonne NS.

Correction des hauteurs.

La formule générale de correction des hauteurs est :
$$H_v = H_i + \varepsilon - \text{dép} - R + \overline{\omega} \pm d .$$

On n'emploie cette formule que dans les calculs d'état absolu.

(1). La déviation sera prise dans le tableau ou sur le diagramme Napier pour la valeur C_m du cap magnétique.

Les E.N. donnent (T.VII) l'ensemble des corrections
[– dép.– R + ϖ ± d] dans le cas du Soleil ; dans la Table VIII,
l'ensemble des corrections (– dép – R) pour les Étoiles et les
Planètes ; dans la Table IX, l'ensemble des corrections
(– R + ϖ ± d) pour la Lune.

Les Tables de Constan permettent également de
corriger rapidement les hauteurs sans interpolation

Correction rigoureuse d'une hauteur de Soleil prise à l'horizon artificiel.

Je corrige la lecture au sextant de l'erreur instrumentale, ce qui me donne le double de la hauteur apparente. Je prends la moitié du résultat, ce qui me donne
la hauteur apparente, Ha :

$$\frac{\text{Lecture} \pm \varepsilon}{2} = Ha$$

Pour cette valeur de Ha, je cherche, dans les E.N. I
la réfraction moyenne.

Je corrige cette réfraction moyenne de l'influence du
baromètre et du thermomètre, ce qui me donne la réfraction R, correspondant à l'état atmosphérique actuel.

Je retranche R de Ha, ce qui me donne la hauteur réelle de l'astre Ha – R ; au-dessus de l'horizon
apparent.

J'ajoute la parallaxe en hauteur, ϖ, (EN. T.V), ce
qui donne la hauteur vraie du bord observé.

Enfin, j'ajoute ou je retranche le demi-diamètre
du Soleil (EN. à la date), ce qui donne la hauteur vraie
du centre (⊙ ± $\overline{\odot}$).

Correction rigoureuse d'une hauteur de Soleil prise à l'horizon de la mer. (Réglage de chronomètre).

Je corrige la hauteur instrumentale de l'erreur
instrumentale, ce qui donne la hauteur observée Ho.

Je corrige la hauteur observée de la Dépression (EN. T.IV) , toujours — , ce qui donne la hauteur apparente , Ha .

Je corrige la hauteur apparente , Ha , de la réfraction R , (EN. T I) toujours — , ce qui donne la hauteur réelle , Ha — R .

J'ajoute la parallaxe en hauteur, ϖ (EN. T. V) , ce qui donne la hauteur vraie du bord observé . Enfin, j'ajoute ou je retranche le demi - diamètre , selon qu'on a observé le bord inférieur ou supérieur , ce qui donne la hauteur vraie du centre H_v $\odot$.

Correction approchée des hauteurs de Soleil .

Je corrige la hauteur instrumentale de l'erreur instrumentale , ce qui donne la hauteur observée Ho .

Je corrige la hauteur observée de l'ensemble des corrections : Dépression , réfraction et demi - diamètre (EN. T VII) . Pour obtenir cette correction totale , je fais cadrer , dans cette Table , la hauteur de l'œil et la hauteur observée . Cette correction est additive ou soustractive pour le bord inférieur , voir le signe indiqué par la Table ; Pour le $\overline{\underline{S}}$, la correction est toujours soustractive .

J'obtiens ainsi la hauteur vraie du centre , H_v $\odot$.

Les Tables I. I' Constan fournissent immédiatement ces résultats sans aucune interpolation .

Correction approchée des hauteurs de Lune .

Je corrige la hauteur instrumentale de l'erreur instrumentale , ce qui donne la hauteur observée Ho . Je corrige la hauteur observée de la Dépression (EN - T. IV) , toujours — , ce qui donne la hauteur apparente, Ha . Je corrige cette hauteur apparente de la correction totale donnée par EN. T IX où je fais cadrer la parallaxe en hauteur de la Lune , fournie par les E.N , pour le moment de l'observation , avec la hauteur apparente , Ha .

Les pages 100 et 101 (EN. T IX) se rapportent au bord inférieur ; les pages 102 et 103 , au bord supérieur .

La correction est additive, sauf dans la partie relative au bord supérieur de l'astre, à partir de 74° de hauteur apparente.

J'obtiens ainsi la hauteur vraie du centre H_V☽.

La correction des hauteurs de Lune est donnée, sans interpolation ou par des interpolations à vue, dans C.T. III. Une table annexe indique la correction à faire subir à l'erreur instrumentale ε, d'après la hauteur de l'œil : en appelant i l'erreur instrumentale ainsi modifiée, on aura donc :

$$H_V ☽ = Hi \overline{☽} \pm i \pm C.T.\,III.$$

La disposition des calculs reste la même que celle relative aux corrections de hauteurs du ☉ ou des Étoiles et planètes, ε y étant simplement remplacé par i.

Correction approchée des hauteurs d'étoile ou de planète.

Je corrige la hauteur instrumentale de l'erreur instrumentale, ce qui donne la hauteur observée H_0.

Je corrige la hauteur observée de l'ensemble des corrections : dépression, réfraction, fourni par F.N.T. VIII. Cette correction est toujours négative. J'obtiens ainsi la hauteur vraie de l'astre H_V.

On obtient la correction totale, sans interpolation, par C.T. II.

__Remarque.__ — Il n'y a pas lieu pour les __étoiles__ et les __planètes__ de tenir compte de la parallaxe et du demi-diamètre. Ces deux quantités sont nulles pour les étoiles et il est impossible, pour les planètes, de prendre au sextant la hauteur d'un bord plutôt que d'un autre.

Remarque importante sur les conversions de temps.

Dans presque tous les calculs, l'énoncé donne l'époque de l'observation en temps civil vrai, matin et soir. Pour obtenir le temps vrai civil T_{vg}, compté de 0^h à 24^h,

Si c'est le soir, j'ajoute 12 heures, je garde la date de l'énoncé et je supprime le mot soir ; si c'est le matin, je garde la même heure et la même date et je supprime le mot matin.

Pour obtenir ensuite, en cas de besoin, l'heure civile moyenne de Greenwich, Tmp, je commence par calculer Top appr. en combinant Tvg avec la longitude réduite en temps (C.T.B.) ; la longitude W s'ajoute, la longitude E se retranche.

J'ajoute ensuite, à l'heure A du chronomètre, l'état absolu du chronomètre, l'état absolu du chronomètre, Tmp — A, en ayant soin d'ajouter ou de retrancher 12 heures au total pour le faire concorder avec Top appr.

J'obtiens ainsi Tmp approché.

Je fais ensuite une pp. de la marche diurne a, pour Tmp appr. :

$$pp\ a = a \times Tmp,$$

Tmp étant exprimé en fractions décimales de jour (F.TX ou C.T.P). La pp a est donnée aussi, calculée par de simples additions, par C.T.B.

J'ajoute ppa si a est +, je la retranche si a est —, ce qui donne Tmp exact.

Dans plusieurs calculs comportant deux observations distantes de plusieurs heures, il faut bien remarquer que, si la date de Tmp au second calcul est plus forte d'une unité que celle du premier, l'état absolu Tmp — A' du second calcul doit être calculé par la formule algébrique :

$$(Tmp - A') = (Tmp - A) + a.$$

Changement de l'heure de la montre pour un changement en longitude.

Si le navire se déplace dans l'Est, il va vers des lieux où il est plus tard ; il faut donc avancer la montre, M, d'autant de fois 4 min. qu'on fait de degrés vers l'Est, il faut au contraire la retarder si on

marche vers l'Ouest :
$$T'vg = M \pm g \quad (E+, W-).$$

Si au contraire, la montre ayant été réglée en un lieu donné, on veut, le navire s'étant déplacé en longitude, savoir quelle heure, M, la montre marquera au moment d'un phénomène qui doit se produire à une heure locale connue, T'vg, du nouveau lieu ; on aura la formule :
$$M = T'vg \mp g \quad (E-, W+).$$

Conversion des degrés en temps ou du temps en degrés.

Cette conversion se fait instantanément en cherchant la quantité à convertir dans les colonnes de droite ou de gauche des Tables de Friocourt.

Pour les fractions de seconde de temps, on a d'ailleurs :

$00''$	$1''$	$2''$	$3''$	$4''$	$5''$	$6''$	$7''$	$8''$	$9''$	$11''$	$12''$	$13''$	$14''$
$0^s\!,0$	$0^s\!,1$	$0^s\!,1$	$0^s\!,2$	$0^s\!,3$	$0^s\!,3$	$0^s\!,4$	$0^s\!,4$	$0^s\!,5$	$0^s\!,6$	$0^s\!,7$	$0^s\!,8$	$0^s\!,8$	$0^s\!,9$

La conversion peut se faire également, par C.T.B avec une grande précision, et presque instantanément.

Tous les éléments de la conversion se trouvent d'ailleurs sur une même page.

Explication détaillée
de tous les calculs des types officiels.

I. A
Point estimé.

Formules : $l = m \cos R_v$; $e = m \sin R_v$; $g = \dfrac{e}{\cos \varphi m} = e \, \sec \varphi m$

Je corrige tous les caps au compas de la dérive et de la variation, ce qui me donne les caps vrais.

Je multiplie la vitesse du courant par l'intervalle donné, exprimé en heures et décimales (C.T.A), ce qui donne les milles du courant.

J'inscris dans la colonne R_v, les routes corrigées et la direction du courant ; dans la colonne des milles, les milles parcourus.

Je cherche, dans la table de point F. TIV ou F.N. T XV, les milles faits au N ou au S., à l'E. ou à l'O.

J'inscris ces nombres dans les colonnes N. S. E. W.

Je fais le total des quatre colonnes.

Je retire le plus petit total du plus grand, entre les colonnes N et S ; puis entre les colonnes E et W, ce qui me donne le chemin total NS, ou changement en latitude, l, et le chemin total E W, e.

Je combine l avec φd, ce qui me donne la latitude d'arrivée φa.

Combinant avec φd le demi changement en latitude, j'obtiens la latitude moyenne φm.

J'entre, dans la table de point, avec φm comme angle de route. Je cherche le chemin total E. W. e. dans la colonne NS, et j'obtiens, sans calcul, dans la colonne des milles, le changement en latitude g, qui, combiné avec φd, me donne φa.

Les noms de l et de g m'indiquent si le bâtiment a couru dans le N, ou dans le S, dans l'Est ou dans l'Ouest.

J'observe que si le total $G d + g$ dépasse $180°$, je dois ôter le total de $360°$, et changer le nom du résultat.

I. 2
Réglage de la montre et du compas
au lever ou au coucher vrai ou apparent du Soleil.

Formules : $\cos P = - tg\, \varphi\, ctg\, \Delta$, $\sin Amp. = \dfrac{\sin D}{\cos \varphi}$.

Ayant noté l'heure de la montre au moment du lever ou du coucher, j'en conclus Tvg appr.

Je la combine avec G_0, transformée en temps par CTB, $(W+, E-)$, ce qui donne Top appr.

Je prends, dans les E.N., la D du Soleil à vue pour Tvp appr.

Faisant alors cadrer, dans la F.T. XXIV ou E.N. T.XII D et φ, j'obtiens, sans calcul, P et l'amplitude.

Si φ et D sont de noms contraires, la table fournit, non P lui-même, mais son supplément, que je dois alors ôter de 12 heures.

Une fois P connu, si je veux obtenir l'heure civile, Tvg, du lever vrai, je pose Tvg $= 12^h - P$. Pour le coucher, je pose Tvg $= P + 12^h$.

Je connais ainsi l'heure civile du lever vrai et du coucher vrai, et l'amplitude à ce moment.

L'amplitude se compte à partir de l'Est, le matin; à partir de l'Ouest, le soir, vers le N ou vers le S, selon que la D est N ou S.

Si je veux maintenant obtenir l'heure temps civil du lever ou du coucher apparent, et l'amplitude à ce moment, je cherche dans F.T XXVII, ou E.N. T XIII, le temps que l'astre met à baisser de 50' près de l'horizon; il suffit pour cela de faire cadrer, dans cette table, φ avec D.

Pour le lever ou le coucher du bord supérieur, je prends le nombre tout entier donné par cette table, la moitié de ce nombre pour le bord inférieur.

Cette correction est à ôter de Tvg pour le lever, à

ajouter, pour le coucher.

J'opère d'une manière analogue avec F. T XXVIII ou E.N. T. XIV, pour avoir la correction à faire à l'amplitude, au moment du lever ou du coucher vrai, pour l'obtenir au moment au moment du lever ou du coucher apparent. J'observe que, dans cette table, je dois faire cadrer, non φ et D, mais bien l'amplitude et la latitude.

La correction fournie par cette table est $+$ si φ et D sont de mêmes noms, $-$ si φ et D sont de noms contraires.

De l'amplitude, je conclus l'azimut vrai qui, comparé à l'azimut au compas, donne la variation.

Enfin, en comparant Tvg à l'heure de la montre, je vois de combien je dois l'avancer ou la retarder.

Le carnet Bertin permet aussi de résoudre la même question comme suit :

Une seule entrée fournit l'heure et l'azimut (au lieu de l'amplitude) au lever ou coucher vrai.

On cherche la ligne de déclinaison D et on feuillette le Carnet jusqu'à y trouver la latitude φ, en NS.

Alors, on lit en EW : l'azimut toujours du nom de D.

Puis, en bas de colonne, si φ et D sont de même nom, on trouve l'angle horaire astronomique ou l'angle au pôle obtus. Et, en tête de colonne si φ et D sont de noms contraires, on trouve l'angle horaire astronomique ou l'angle au pôle aigus.

Remarque.-

Si, pour faire ce calcul, j'utilise les Tables Graphiques Constan (incorporées dans le même volume que les Tables de Logarithmes et de simplifications des calculs par suppression de la plupart des interpolations) je procède comme suit :

Après avoir, comme ci-dessus, calculé Tvp approché, j'entre dans G.T II avec D et je cherche l'intersection de l'horizontale correspondant à D, avec la courbe $\beta = h$.

En suivant jusqu'en bas la courbe α qui passe par ce point d'intersection, j'obtiens Zv, sans passer par l'amplitude et, sur la verticale de ce même point d'intersection, je trouve Hvg en appliquant la règle indiquée sur la table elle-même. Hvg connu, j'en déduis Tvg = Hvg + 12ʰ. Le schéma, d'autre part, indique les opérations à effectuer pour obtenir Zv et Hvg.

Pour avoir ensuite, s'il y a lieu, l'heure du coucher apparent, je procède comme il est dit plus haut en utilisant E.N. T. XIII et, pour avoir le relèvement Zv, j'utilise de même E.N. T. XIV pour calculer la correction à faire subir au relèvement du ☉, au moment de son lever ou coucher vrai pour en déduire son relèvement au moment de son lever ou coucher apparent, cette correction étant négative si φ et D sont de même nom, additive si φ et D sont de noms contraires.

I. 3

Position du navire par deux relèvements successifs d'un même point.

Formules : $\qquad f = \dfrac{\sin \alpha_1}{\sin (\alpha_2 - \alpha_1)} \;\; ; \;\; d = m \times f$

Je calcule la différence $\alpha_2 - \alpha_1$, des deux relèvements donnés.

Je fais cadrer, dans F. T. XL, cette différence, colonne de gauche, avec α_1, pris en haut, ce qui me donne le facteur, f, par lequel je multiplie les milles parcourus, pour obtenir la distance d du navire au point en vue à l'instant du deuxième relèvement.

J'entre ensuite, dans la table de point, avec α_2 comme angle de route et d comme nombre de milles.

Je trouve ainsi , dans la colonne NS . le chemin d'' à faire pour arriver par le travers du point en vue et, dans la colonne EO , la distance d' à laquelle on passera de ce point .

Si l'angle α_2 est obtus , c'est qu'on a dépassé le point , le calcul ci-dessus indique alors combien on fait de milles , d'' , depuis qu'on était par le travers , et à quelle distance , d' , on en est passé .

Si je ne possède pas les T. de Friocourt , je fais le calcul comme suit :

J'entre dans U.T. VIII avec $V = \alpha$, et $V = \alpha_2 - \alpha$, et je lis dans les colonnes : sin V les valeurs de sin α , et sin $(\alpha_2 - \alpha_1)$ dont je fais le quotient au centième , ce qui me donne f , et par suite d comme plus haut . Le calcul se termine ensuite de la même manière que précédemment , à l'aide de la Table de point .

I . 4

Utilisation d'un alignement .

Je calcule d'abord le relèvement magnétique en appliquant au relèvement vrai la correction de la Déclinaison en signe contraire :

$$Z_v - D = Z_m \quad \text{(Calcul algébrique)}.$$

Comparant Z_m et Z_c , j'obtiens la déviation du compas étalon :

$$Z_m - Z_c = d . \quad \text{(Calcul algébrique)}.$$

Corrigeant le cap au compas étalon de la Déviation d , j'obtiens le cap magnétique du navire :

$$C_{c_e} + d = C_m \quad \text{(Somme algébrique)}.$$

Enfin , comparant le cap du compas de route au cap magnétique , j'obtiens la déviation d' , de ce compas par la formule :

$$C_m - C_{cr} = d' .$$

I.. 5

1°- Ports Français

Je cherche dans l'annuaire des Marées (T.A ou A,) le port de référence et je choisis avec soin la PM ou la BM de ce port qui, combinée avec la correction à vue de la T.A ou A, donnera la PM ou la BM demandée pour le jour et le port considérés.

Je cherche ensuite le centième de marée correspondant à la PM ou la BM de Brest qui correspond à la PM ou à la BM du port principal qui doit servir de point de départ à mes calculs.

Ceci fait, je calcule la correction TA pour l'heure et pour la hauteur par la relation algébrique :

$$TA = VE - \frac{VE - ME}{90} \, (120 - c)$$

ou mieux par le graphique qui fait connaître le résultat sans aucun calcul et que l'on trouvera sur la dernière feuille de ce cahier, avec toutes les explications nécessaires pour son emploi.

En combinant l'heure et la hauteur du port de référence avec les corrections ainsi obtenues, j'obtiens l'heure et la hauteur de la P.M. ou de la B.M. pour le port et le jour donnés.

En combinant algébriquement la hauteur trouvée avec les sondes données, j'obtiens les profondeurs d'eau demandées.

2°- Ports pour lesquels l'annuaire ne donne que la hauteur de la P.M.

Formules :

$$H^r \, BM = \frac{H' + H''}{2} \times \frac{120 - \dfrac{c' + c''}{2}}{120 + \dfrac{c' + c''}{2}}$$

$$H^r \, BM = h' + \frac{h'' - h'}{2} \pm \begin{array}{l} 10^m \, W \\ 30^m \, E \end{array}$$

Les tables A ou A₁ donnent les corrections à faire

aux PM de Brest dans le premier cas aux ports de Queens-town, Devonport, Portsmouth et Douvres, dans le second, pour avoir les heures et hauteurs des P.M des ports indiqués dans ces tables.

Comme la table A ou A, donne les corrections en VE et en ME, on doit chercher le centième de marée du jour donné pour Brest, page 268 et suivantes, et interpoler comme il a été expliqué au calcul précédent.

Ceci posé, pour obtenir la BM, il faut choisir, avec discernement, les marées du port principal, auquel on est renvoyé, de façon qu'on arrive à obtenir deux PM dans le port donné, qui encadrent la BM qu'on veut obtenir.

(Particulièrement, si les corrections dépassent 12 heures, il sera prudent de calculer, sur le brouillon, les marées de la veille, afin de tomber sur l'époque indiquée dans l'énoncé).

Si on a bien choisi le point de départ, en ajoutant aux marées du port de référence les corrections des tables A, ou A', on connaitra les heures h' et h'' et les hauteurs H' et H'' de deux PM du port donné, qui encadreront l'instant de la BM demandée.

Ceci posé, on prendra les deux coefficients en cen-tièmes c' et c'' des deux PM qui auront servi à faire le calcul ; on en fera la moyenne, et on obtiendra la hauteur de la BM par la formule indiquée ci-dessous :

En combinant algébriquement cette hauteur avec les deux sondes données, on obtient les profondeurs deman-dées.

Le calcul de l'heure de la BM indiqué par la seconde formule ci-dessus ne présente aucune difficulté.

II.- 6

Cap au compas et distance à parcourir pour aller d'un point à un autre.

Formules : $e = g \cos \varphi_m$; $tg\, R_v = \dfrac{e}{l}$; $m = \dfrac{l}{\cos R_v}$

Je retranche φd de φa . Gd de Ga , ce qui me donne les changements en latitude et en longitude . l . g . A l'ins. pection des noms et valeurs de φd , φa , Gd . Ga , je vois si le navire s'est déplacé vers le N ou vers le S , vers l'Est ou vers l'Ouest .

Si les deux longitudes sont de part et d'autre de 180° , pour avoir g , je fais la somme des longitudes , je re-tranche le total de 360° , et j'obtiens ainsi g , qui prend le nom de la longitude de départ .

Je combine ensuite φd , avec le demi - changement en latitude pour avoir la latitude moyenne φm .

J'entre dans la table de point (F. T. IV) , avec la lati-tude moyenne , φm , comme angle de route .

Je cherche g dans la colonne des milles , et je trouve en regard le chemin Est et Ouest , e , dans la colonne NS .

Je fais alors cadrer , par tâtonnement , dans la table de point , sur une même ligne horizontale , l et e , en remarquant , pour éviter de longues recherches , que si l = e , l'angle de route est égal à 45° , qu'il est d'autant plus petit que e est plus faible , d'autant plus grand que e est plus fort .

(Pour obtenir un nombre de milles aussi exact que possible , je sacrifie un peu le plus petit nombre au plus grand , en faisant cadrer l et e).

Si l et e sont trop grands pour se trouver dans la table , j'en prends la moitié , le tiers , le quart ; je fais cadrer et je double , je triple , je quadruple la valeur trouvée pour m , sans modifier l'angle de route obtenu en haut de la page .

En fin de compte , j'obtiens , dans la colonne des milles , le nombre de milles parcourus et , en haut de la page , l'angle de route R_v .

Je retranche la dérive de R_v ce qui me donne C_v. je retranche D de C_v ce qui me donne C_m et , enfin , j'en retranche la déviation donnée par le tableau ou la courbe de déviations , ce qui me donne le cap au compas C_e .

II.— 7
Distance au pied d'un point élevé situé en deça de l'horizon visuel.

Formule : $x = h$ cotg H_0 .

Je corrige la hauteur instrumentale de l'erreur instrumentale, ce qui me donne la hauteur observée H_0.

Je prends, dans la table des cotangentes naturelles, la valeur de cotg H_0.

Je multiplie la hauteur du phare par ce nombre abstrait, ce qui donne, en mètres, la distance cherchée.

Le produit de cette distance par 0,00054, donne la réponse en milles.

Remarque.— F. T XIV donne également le résultat ; mais l'interpolation y est assez difficile.

Enfin, on peut encore se servir de la formule :

$$x^{\text{en milles}} = \frac{1,86 \times h^{\text{mètres}}}{H_0^{\text{en minutes}}}$$

Distance au pied d'un point élevé situé au delà de l'horizon visuel.

Je retranche, de la hauteur H de l'objet, la hauteur h de l'œil.

Je corrige ensuite la hauteur instrumentale de l'objet de l'erreur instrumentale et de la dépression (toujours — F. T. XII) ce qui me donne la hauteur apparente H_a.

Faisant alors cadrer, dans la table XV de Friocourt, $H - h$ en mètres avec H_a, je trouve, en milles, la distance cherchée D.

Si la dépression est supérieure à H_a, je cherche, dans F T XV, la distance D_0 qui correspond à l'angle $0°00'$, puis celle, D_1, qui correspond à l'angle « dép — H_a »

On a alors :

$$D = \frac{D_0^{\,2}}{D_1}$$

II._ 8.

Tableau de déviation par un point terrestre éloigné. _

Je corrige le relèvement vrai donné de la déclinaison en signe contraire, ce qui me donne le relèvement magnétique : $Zm = Zv - D$.

Comparant à ce relèvement magnétique tous les relèvements au compas, j'obtiens les déviations aux caps successifs donnés : $d = Zm - Zc$.

Combinant les caps au compas avec leurs déviations respectives, j'obtiens les caps magnétiques : $Cm = Cc + d$.

En consultant le tableau ainsi calculé, je trouve, par interpolation si c'est nécessaire, la déviation qui correspond au cap au compas indiqué dans l'énoncé.

II._ 9.

Latitude et variation par la Polaire.

Formules :

$$S = Hag = Tmp + Ep + G \qquad L = H - \Delta \cos P \quad , \quad Zv = \frac{\Delta \sin P}{\cos L}$$

Calcul de Hag = S.

De l'heure civile donnée dans l'énoncé, je déduis Tvg qui, combiné avec Gc en temps ($W+, E-$), donne Tvp.

Les EN donnant Tmp comme point de départ des calculs, il me faut passer de Tvg à Tmp. Pour cela, je transforme G en temps (C.T.B.) et je l'ajoute à Tvg si elle est W, je la retranche si elle est E. J'obtiens ainsi Tvp. J'ajoute $Ev = 12^h - Ec$ à Tvp (en interpolant à vue pour Tvp pris à la place de Tmp, ce qui n'entraîne aucune erreur importante pour la question actuelle) et j'obtiens ainsi Tmp.

En ajoutant successivement à Tmp d'abord $Ep = Hap - Tmp$, puis la correction toujours additive de E.N. T.B. de la Polaire, j'obtiens Hap.

Enfin, en retranchant Gc de Hap (donc en ajoutant Gc si elle est E et la retranchant si elle est W), j'obtiens Hag ou S.

Calcul de φ et de Z_v.

Je fais cadrer dans la table A de la Polaire, les heures de S en haut, avec les minutes à gauche, ou en bas, avec les minutes à droite selon les valeurs de S. Je trouve ainsi, toute calculée, la quantité $\Delta \cos P$, qui représente sa valeur absolue la correction à faire à Hv pour obtenir la φ. Le signe à donner à cette correction est celui qui se trouve dans l'angle gauche du haut ou dans l'angle droit du bas, sur la ligne horizontale dans laquelle j'ai lu les heures de Mag ou S.

J'entre ensuite dans la table de la page précédente (page 84) et je trouve l'azimut vrai de la Polaire, en faisant cadrer S, lu dans les colonnes extrêmes de droite ou de gauche avec la latitude φ, prise en haut de la table, comme argument horizontal.

Je corrige ensuite la hauteur de la Polaire:
$$H_v = H_i \pm \varepsilon + EN.T.\,VIII$$
ou:
$$H_v = H_i + (C.T.\,II)$$

On a, ensuite, algébriquement:
$$\varphi = H_v + EN\,T.A$$

Enfin, pour avoir la W, je retranche algébriquement Z de Z_v.

II. _ 10.

Régler le chronomètre par un signal horaire.

Formules : $A' = M' + (A-M)'$, $\qquad A'' = M'' + (A-M)''$.

Combinant par addition M' et $(A-M)'$ d'une part, M'' et $(A-M)''$ d'autre part, j'obtiens les heures $A'_{,} A_{,,}$ du chronomètre à l'instant du signal horaire (1)

J'obtiens ensuite les deux états absolus, en retranchant de Tmp les heures A' et A''.

Je calcule ensuite la marche diurne (a) par la formule:
$$a = \frac{(Tmp - A)'' - (Tmp - A)'}{n}$$

a prend le signe + si les états vont en augmentant, et le signe − si les états vont en diminuant.

Je ramène ensuite le second état au minuit moyen de Greenwich qui précède ou qui suit :

Formule : $(Tmp - A)'' - ppa$ pour $Tmp = (Tmp - A)_0$;

ou $(Tmp - A)'' + ppa$ pour $(24 \text{ heures} - Tmp) = (Tmp - A)_0$;

la première formule permet de ramener l'état au minuit qui précède, la seconde au minuit qui suit.

Donc, dans le premier cas, je calcule la ppa, pour Tmp et je la porte en signe contraire, (C.Q.T.C.)

Dans le second cas, je calcule la ppa, pour 24 heures — Tmp ; mais je la porte avec son signe.

---

(1) - Dans tous ces calculs de chronomètre et de compteur, quand un total dépasse 12 heures, on enlève 12 heures. Si une soustraction est impossible, on ajoute 12 heures pour permettre la soustraction.

III. — 11

Détermination du courant.

Formules : $c = g \cos \varphi_m$; $tg\, R_v = \dfrac{e}{l}$; $m = \dfrac{l}{\cos R_v}$

Je considère φ_e, g_e, comme un point de départ ; φ. g, comme un point d'arrivée.

Le calcul est alors le même que celui de la série II, calcul 6.

En opérant donc comme au calcul 6, j'obtiens les milles et la Direction du courant.

En divisant les milles par l'intervalle donné, exprimé en heures et décimales d'heures (CTA ou A) j'obtiens la vitesse du courant.

III. — 12

Faire une embardée déterminée.

Je corrige le premier cap au compas de la déviation à ce cap, relevé soit dans le tableau du type officiel, soit sur les courbes des diagrammes Napier, ce qui me donne le premier cap magnétique :

$$Ce + d = 1^{er} Cm.$$

A partir de ce cap, je porte à droite ou à gauche, d'après l'énoncé, un nombre de degrés égal à l'embardée indiquée, ce qui me donne le nouveau cap magnétique :

$$1^{er} Cm + Emb. = 2^e Cm$$

Je prends, soit dans les tableaux, soit sur les diagrammes, la déviation qui correspond à ce nouveau cap magnétique.

Combinant le nouveau cap magnétique avec la déviation à ce cap, mais en signe contraire, j'obtiens le nouveau cap au compas demandé :

$$2^e Cm - d' = 2^e Ce.$$

III . 13
Variation par l'heure du bord (Soleil).

Je combine l'heure civile déduite de l'heure de la montre (telle quelle le matin, augmentée de 12^h le soir), avec le changement en longitude, g, en temps (C.T.B), effectué depuis le dernier réglage ($W -$, $E +$), ce qui me donne l'heure civile, Tvg, du lieu actuel, daté de l'énoncé :

De cette heure, Tvg, je déduis ensuite l'heure Tvp à l'aide de Ge réduite en temps par C.T.B ($GW +$, $GE -$), ce qui me permet de calculer $\vartriangle O$ à vue à l'aide des EN.

Ceci fait, je cherche l'angle au pôle P :

le matin, j'ai : $P = 12^h - Tvg$

le soir, j'ai : $P = Tvg - 12^h$

Suivant la Table d'azimuts employée, je procède comme suit :

— Tables Bataille —

Formule : $\operatorname{Cot} Z_v \operatorname{Sin} P = - \operatorname{Cos} P \operatorname{Sin} \varphi \pm \operatorname{Tg} D \operatorname{Cos} \varphi$

J'entre dans B.T. I avec P comme argument horizontal (haut ou bas de la page) et φ comme argument vertical à gauche et je trouve sans interpolation, ou par une interpolation à vue immédiate, la valeur du terme :

$$m = \cos P \sin \varphi$$

Je lui donne le signe $-$ si P est inférieur à 6^h,

le signe + si P est supérieur à 6^h.

J'entre ensuite dans B.T.II avec la déclinaison D en haut comme argument horizontal, et à gauche avec φ comme argument vertical et j'obtiens, toujours sans interpolation ou par une interpolation à vue immédiate, la valeur du terme $n = \pm Tg\,D\,\cos φ$, le signe + correspondant à φ et D de même nom, le signe — à φ et D de noms contraires.

Je forme ensuite la somme algébrique $m + n$, puis j'entre de nouveau dans B.T.II avec P comme argument vertical à droite, et je suis la ligne horizontale correspondante jusqu'à ce que j'y trouve la valeur de $m + n$: dans la colonne où j'ai lu $m + n$ je trouve, en bas, le relèvement Z_v que je compte du pôle élevé si $m + n$ est +, du pôle abaissé si $m + n$ est —.

On a, en effet :

$$\cot Z_v \sin P = m + n.$$

Si l'on veut Z_v en dixièmes, on interpôle à vue, lorsque $m + n$ ne se trouve pas exactement dans l'une des colonnes de B.T.II ; l'interpolation se fait à vue et elle est immédiate.

N.B. — Vu la simplicité du calcul d'azimut par ces tables et leur prix minime, nous en conseillons vivement l'emploi conjointement avec le Carnet ou la Tablette Bertin ou avec la T. Graphique Constan qui est incorporée dans le Recueil contenant les Tables de Logarithmes et les Tables destinées à supprimer presque toutes les interpolations.

Dans les calculs de point, en effet, les Tables Bertin ou la Table Graphique fournissant, outre une vérification du calcul de Z_v une seconde vérification importante des calculs logarithmiques, puisqu'elles donnent, en même temps que l'azimut, la hauteur, cette dernière devant cadrer avec celle fournie par le calcul logarithmique si celui-ci est bon.

— Tables Bertin —

Le Carnet Bertin permet d'obtenir simultanément

l'azimut et la hauteur en fonction de la déclinaison D de l'astre considéré et de son angle au pôle P (ou son angle horaire astronomique Hag).

Le calcul s'effectue au moyen de deux entrées en procédant comme suit :

La première entrée est faite avec D et P (ou Hag),

P en haut, D à gauche. On lit les quantités a et b.

On donne à C le nom même de D lorsque P ou H est lu en tête des pages, et le nom opposé, à celui de D, lorsque H ou P (qui est alors obtus) est pris au bas des pages.

On calcule ensuite, algébriquement $= c + \varphi$

La deuxième entrée est faite avec $(c + \varphi)$ pris en haut et b pris à gauche.

On trouve alors, dans la colonne NS, Z_w et h dans la colonne EW.

Z_w est l'amplitude. L'azimut $Z = 90° \mp Z_w$ est toujours compté du pôle de la déclinaison de l'astre ; mais on le choisit, suivant le cas, aigu ou obtus, de la même espèce que $(c + \varphi)$.

h est la hauteur, qui doit reproduire exactement à $0°,1$ près, la hauteur estimée. Sinon il a été commis une erreur, soit dans le calcul par logarithmes, soit ailleurs.

Nota. — Le nom de $(c + \varphi)$ est en principe, toujours aussi celui de la déclinaison. Mais (pour le $\odot$ seulement) il peut se faire que le nom de $(c + \varphi)$ ait changé. Toutefois, cela ne peut se produire que si la hauteur est très faible. Car ce fait indique que l'astre est situé au-dessous de l'horizon vrai.

Tables graphiques Constan.

Ces Tables qui ont pour objet de permettre de passer des coordonnées horaires P (ou Hay) et D aux coordonnées horizontales Z_v et H_v, comprennent :

1°.- Une Table T.C.I fournissant instantanément la colatitude λ du lieu de l'observation en fonction de la latitude $L = \varphi$.

2°.- La Table Graphique d'azimuts proprement dite comportant en tout quatre pages sur lesquelles sont tracées, de degré en degré, les courbes α et β correspondant aux relations trigonométriques suivantes :

$$\cos \alpha = \cos D \, \sin P \qquad\qquad Tg \, D = \cos P \, Tg \, \beta$$

et par suite, aussi, aux deux autres relations de même forme :

$$\cos \alpha = \cos H_v \, \sin Z_v \qquad\qquad Tg \, H_v = -\cos Z_v \, Tg \, (\lambda + \beta)$$

β, étant toujours positif lorsque φ et D sont de même nom, négatif dans le cas contraire. (Voir les explications détaillées, très simples, qui se retrouvent dans l'ouvrage lui-même).

D et Hag (ou P) ayant été tout d'abord calculés, comme il est dit plus haut, j'entre dans la T.II, comme l'indique schématiquement la figure ci-contre, avec Hag (ou P) et D comme arguments. À l'aide du quadrillage, je lis les numéros des courbes α et β, qui correspondent à Hag et D (Point A). Puis j'ajoute à β la colatitude fournie par G.T.I, ce qui me donne au total β'. Les nombres α et β s'évaluent très facilement à un dixième de degré près soit à 6' de degré.

$\beta = \beta + \lambda$ étant calculé, je suis avec la pointe d'un crayon la courbe α jusqu'à ce que je trouve le point B, intersection des courbes α et β'; en bas, sur la verticale de B, je lis Z_e; à droite, sur l'horizontale de B, je lis H_e. J'observe, pour choisir β et nommer Z_e, les règles très simples qui se trouvent sur les feuilles de gauche de la Table. Le calcul se dispose comme suit :

$$
\begin{array}{l|l}
\lambda & \\
\beta & \alpha \\
\hline
\beta & \\
Z_e & H_e
\end{array}
$$

N.B.— L'échelle des graphiques permet aisément, après un court entraînement, d'évaluer H_v et Z_v au dixième de degré, c'est-à-dire à 6' près ; ce n'est pas plus difficile que d'évaluer le dixième de mille sur la carte marine.

La Table, absolument générale, fournit l'azimut et la hauteur, même pour un astre situé au-dessous de l'horizon vrai.

III.— 14.
Réglage de la montre par le chronomètre.

L'heure de la montre me permet de calculer T_{vg} approché, qui, combiné avec G en temps $(W+, E-)$, me donne T_{vp} appr.

J'ajoute à l'heure A du chronomètre, son état absolu $T_{mp} - A$, ce qui me donne T_{mp} appr., que j'ai soin de faire concorder avec T_{vp} appr., en ajoutant au besoin ou retranchant 12 heures au total.

Combinant T_{mp} avec G en temps $(W-, E+)$, j'obtiens T_{mg}. Je combine T_{mg} avec E_m à vue, ce qui donne T_{vg}.

Comparant T_{vg} à l'heure civile donnée par la montre, je vois de combien je dois l'avancer ou la retarder.

III.— 15
Régler un chronomètre par comparaison à une pendule réglée.

Formules :
$$x = \frac{[(A-M)'' - (A-M)'](M'-M)}{M''-M} = d\frac{i}{I}$$

$$A-M + (A'-M') + d\frac{i}{I}$$

Calcul de A à l'instant de l'observation à terre.

Retranchant M' de A' et M'' de A'', j'obtiens les deux comparaisons : $(A-M)'$ et $(A-M)''$.

Je fais la différence, en valeur absolue (d), de ces deux comparaisons, et je calcule la correction (x), à apporter à la première comparaison $(A - M)'$ pour avoir la comparaison $A - M$.

On a d'ailleurs :

$$x = \frac{d \ (M' - M)}{(M'' - M)}$$

Si les comparaisons vont en augmentant j'ajoute x à $A' - M'$, sinon je retranche, et je connais ainsi la comparaison $A - M$ du compteur au chronomètre, au moment où, à terre, la pendule marquait P. En ajoutant M à $A - M$, j'obtiens l'heure A du chronomètre à cet instant.

Calcul de Tmp et de Tmp — A.

Formules :

$(Tmp - P)_0$ 1ère date $+ np = (Tmp - P)_0$, date actuelle ;

$(Tmp - P)_0$ actuel $+ P = Tmp$ appr. ;

$(Tmp$ appr.$) + pp \ p$ pour Tmp appr $= Tmp$.

Je corrige l'état absolu $(Tmp - P)_0$ de la pendule, première date, d'autant de fois p qu'il y a de jours entre la première date et la deuxième date de Greenwich, donnée par la formule :

$$Tmg \pm G = Tmp \ appr.$$

Cette correction np, est à porter avec le signe de p. Ajoutant $Tmp - P$, date actuelle, et P, j'obtiens une nouvelle valeur de Tmp appr., que je fais concorder (en ajoutant ou retranchant au besoin 12 heures) avec Tmp appr. calculé par la formule :

$$Tmp \ appr. = Tmg \pm G \ (W + . E -).$$

Je fais ensuite une pp de la marche de la pendule pour Tmp appr., je la porte avec son signe, et j'obtiens ainsi Tmp exact au moment où la pendule, marquant P, le chronomètre marquait A.

Retranchant A de Tmp, j'obtiens l'état absolu retard du chronomètre à l'instant Tmp.

Calcul de la marche et de $(Tmp - A_0)$.

Formules : $a = \dfrac{\text{var. des états}}{\text{intervalle}}$. $Tmp - A_0 = (Tmp - A)_2 \pm ppa$.

En comparant les deux états $(Tmp - A)_1$ et $(Tmp - A)_2$, je vois de combien l'état absolu a varié dans l'intervalle:
$$Tmp_2 \text{ (2ᵉ date)} - Tmp_1 \text{ (1ʳᵉ date)}.$$

Divisant la variation des états par l'intervalle converti en jours et fraction décimale de jour (F.TX ou CTP), j'obtiens la marche diurne (a) qui prend le signe + si les états vont en augmentant, et le signe —, s'ils vont en diminuant.

Pour ramener le dernier état au minuit moyen de Greenwich, qui précède, je fais une pp de la marche pour Tmp_2 (table C), et je la porte en signe contraire.

Pour ramener le dernier état au minuit moyen de Greenwich qui suit, je fais une pp de la marche pour 24 heures — Tmp_2 (table C), et je la porte avec son signe.

Je connais ainsi l'état absolu $(Tmp - A)_0$, ramené au minuit moyen de Greenwich, qui précède ou qui suit la deuxième observation.

— IV. 16 —

Point par une hauteur du matin et la méridienne (Soleil) (Méthode Marcq).

Calculs préliminaires.

L'heure de la montre, prise telle qu'elle me donne T_{vg} et je donne à cet élément la date de l'énoncé.

Je combine T_{vg} avec G_e réduite en temps par CTB en ajoutant G_e si elle est W, et la retranchant si elle est E, ce qui me donne T_{op} et sa date.

Ajoutant A et $Tmp - A$, j'obtiens Tmp appr. que je fais concorder avec T_{op} en ajoutant ou retranchant 12ʰ si c'est nécessaire.

A l'aide de CTC (ou en multipliant a par Tmp réduit en fraction décimale de jour par CTP ou F.TX), je calcule pp a, et je lui donne le signe de la marche du chronomètre. J'obtiens ainsi Tmp exact et sa date, ce qui me permet de choisir la date et l'argument nécessaires pour le calcul de Em et de D.

Je calcule donc Em et D selon la méthode habituelle. Ajoutant Em à Tmp ; j'en déduis Tvp. Combinant ensuite Tvp et Ge réduite en temps (W−, E+), j'obtiens Tvge.

J'en déduis $P_e = 12^h - Tvge$ puisque, le matin, le ☉ est dans l'Est. Enfin, je corrige la hauteur par la formule :

$$H_v \ominus = H_i \underline{\odot} \pm \varepsilon + C.T.I. \quad (ou \ F.T.I)$$

dans le cas d'une hauteur bord inférieur, ou, dans le cas du bord supérieur, par la formule :

$$H_v \ominus = H_i \overline{\odot} \pm \varepsilon - C.T.I' \ ou \quad H_v = H_i \overline{\odot} \pm \varepsilon - F.T.I - 32'$$

selon que j'utilise les T. Constan ou Friocourt.

Calcul de $H_v - H_e$ et de Z_e.

H_v étant calculée, pour obtenir H_e, j'utilise la formule :

$$\text{Sin } H_e = \pm \text{ Sin } P_e \text{ Sin } D + \text{Cos } P_e \text{ Cos } D \text{ Cos } P_e = a + b.$$

A l'aide des T. de Logarithmes, je calcule a et b en ayant soin :

de donner à a le signe + si φ et D sont de même nom.

—————————— r —————————— − si φ et D sont de noms contraires.

de donner à b le signe + si $P_e < 6^h$

—————————— s· —————————— − si $P_e > 6^h$

La somme algébrique $a + b$ me donne la valeur de Sin H_e.

Entrant alors dans C.T VII avec la valeur de H_e, j'obtiens immédiatement H_e au dixième de minute ; j'obtiens le même résultat à l'aide de F. T. VIII

Retranchant alors algébriquement H_e de H_v, je connais la valeur de $H_v - H_e$ et son signe.

A l'aide d'une table d'azimuts quelconque, avec φ et P_e, je calcule Z_e ; je calcule cet élément d'abord par les T. de Bataille et ensuite par la T. Bertin ou Constan. Si les deux valeurs de Z_v trouvées concordent au dixième, j'ai toutes chances d'avoir bien conduit mon calcul et je puis aller de l'avant avec d'autant plus de certitude que, en employant les Tables Bertin ou Constan, j'y trouve, en même temps que Z_e, la valeur de H_e qui doit, par suite, cadrer avec la valeur obtenue par le calcul logarithmique.

Point Déterminatif Z' et Droite de hauteur.

Afin d'éviter toute erreur, je fais un graphique à vue. Sur ce graphique, dont le milieu représente le point Z_e, je trace l'azimut Z_v ou l'opposé, selon que $H_v - H_e$ est positif ou négatif.

Dans la direction ainsi marquée, je porte $H_v - H_e$, ce qui indique la position (sans échelle) du point Z'. Une perpendiculaire à $Z_e Z'$, menée par le point Z', donne la droite de hauteur. J'inscris à ses deux extrémités sa direction qui est complémentaire de l'azimut vrai.

(Voir l'exemple ci-contre.)

$$Z_v = S\ 75\ E \ ; \quad H_v - H_e = -7'.$$

Ayant tracé le graphique, à vue, on regarde quel est le chemin à faire pour aller de Z_e à Z' ; ce graphique me montre, dans l'exemple ci-dessus, que le point Déterminatif Z' se trouve à 7 milles au N 75 W du point Z_e.

Coordonnées du point Déterminatif transporté Z'_1

Pour calculer les coordonnées du point Z', il suffit de faire un premier problème de point, comme si, partant de Z_e, on faisait $H_v - H_e$ milles, à l'angle de route $PZ_e Z'$ (c'est-à-dire au N 75 w dans l'exemple choisi).

Ce problème terminé, on connaîtra les coordonnées φ', G' du point G'.

Le navire ayant fait m milles à une route vraie, R_v, entre les deux observations, je transporte, par un calcul de point ordinaire, le point Z' en Z'_1, et je transporte la droite de hauteur du premier calcul parallèlement à elle-même en Z'_1.

Pratiquement, au lieu de faire deux calculs de point successifs, je les réunis en un seul, ce qui équivaut à faire un point estimé comportant deux routes, l'une de $H_v - H_e$ milles dans la direction $V = \pm Z_e$.

la seconde de m milles sur la route vraie R_v ($R_v = C_c + W + \text{dér.}$)
J'obtiens ainsi les coordonnées φ'_i et G'_i .

Calcul de la latitude méridienne.

La latitude méridienne φ étant donnée par la relation
$$\varphi = | N \pm D |$$
il me faut, pour l'obtenir, calculer D pour midi.

J'entre donc dans les EN avec la date de l'observation méridienne et j'y trouve, dans la colonne "temps civil" à midi vrai, l'heure temps moyen local du passage du $\odot$ au méridien de Greenwich. L'heure du passage au méridien G'_i s'obtiendra en faisant une partie proportionnelle pour G'_i, en prenant pour variation en 1^h de longitude, la variation de E_c en une heure, le même jour. J'aurai donc :
$$Tmg \text{ au passage en } G'_i = (12^h + E_{v_{12}}) + pp \, G'_i .$$
puis le Tmp correspondant par la relation :
$$Tmp \text{ au passage en } G'_i = Tmg \text{ au pass. en } G'_i + G'_i$$

Tmp pour l'instant de la méridienne étant connu, pour calculer $D \odot$, je noterai la date et l'argument qui me permettent de faire le calcul, comme d'habitude.

Cela fait, je corrige la hauteur de Soleil en suivant la même marche que pour corriger la hauteur du matin, puis je retranche $H_v \odot$ de 90° pour avoir N : je donne à N le nom du pôle auquel je tournais le dos pendant l'observation de la méridienne.

Combinant N et D, j'obtiens la latitude exacte φ à l'instant de la méridienne : si N et D sont de même nom je les ajoute ; je les retranche si elles sont de noms contraires et, dans ce cas, je donne à φ le nom de la plus forte de ces deux quantités.

Graphique à vue
et calcul des coordonnées de Z.

Pour terminer le calcul, je fais tout d'abord un graphique

à vue dont le centre est censé représenter le point Z'_1. En ce point, je
trace la droite de hauteur du premier calcul, comme si elle s'était
transportée parallèlement à elle-
même.

Je trace ensuite le paral-
lèle de latitude φ en dessus ou
en dessous du parallèle φ'_1, d'après
les valeurs respectives de ces quantités. La différence des deux
latitudes donne $\Delta \varphi'_1$. Le point Z est à la rencontre du
parallèle et de la droite de hauteur transportée. Pour
calculer KZ, c'est-à-dire $\Delta G'_1$, il suffit de multiplier
le coefficient Pagel correspondant au premier azimut, par
$\Delta \varphi'_1$:

$$\Delta G'_1 = \rho \times \Delta \varphi'_1.$$

Corrigeant la longitude G'_1 de cette correction, on
obtient G. Le graphique à vue indique si le point Z est
à l'Est ou à l'Ouest du point Z'_1.

Je puis calculer le coefficient Pagel par C.T.II et III
en suivant les règles indiquées à la page 82 de cet ouvrage;
je puis encore obtenir ρ au moyen de F.T.XXIII dans laquelle j'entre avec φ et Z.

Si je veux terminer le calcul sans utiliser le coefficient Pagel (comme le prévoit le type officiel) j'emploie la
méthode suivante plus longue.

La route R_v à suivre, pour aller de Z'_1 en Z, étant
$R_v = 90° - Z_v$, et le point Z_0 se trouvant sur le parallèle
distant de celui du point Z'_1 de $\Delta \varphi'_1$ minutes, le chemin
EW correspondant à R_v et à $\Delta \varphi'_1$ sera :

$$e = \Delta \varphi'_1 \; Tg \, R_v$$

et, par suite, le changement en longitude g entre Z'_1 et Z
sera :

$$g = e \, Sin \, \varphi_m.$$

En entrant dans la table de point avec R_v comme
angle de route et cherchant $\Delta \varphi'_1$ dans la colonne NS, je
… e dans la colonne EW. Entrant à nouveau dans
… table de point avec φ_m comme angle de route et cherchant

e dans la colonne NS , je trouve $\Delta G'_1$ dans la colonne des milles.

Finalement, on a donc :

$$\varphi = |N \pm D| \qquad \text{et} \qquad G = G'_1 + \Delta G'_1 .$$

IV . 17
Heure approchée de la montre à midi vrai.

En comparant l'époque donnée dans l'énoncé à l'instant $12^h 00^m$ du passage du Soleil au méridien, j'obtiens l'intervalle approché qui sépare du midi prochain l'heure à laquelle la montre a été réglée.

Exemple : De 9 heures du matin à midi ...... 3 heures
— 6 — soir — ...... 18 —

Multipliant la vitesse du navire par l'intervalle exprimé en heures et décimales d'heures (CTA), j'obtiens les milles à parcourir jusqu'à midi.

Connaissant la direction vraie de la route, je fais un problème ordinaire de point estimé, qui me donne successivement L , e , g , d'où je conclus les valeurs de φ_e et G_e à midi.

Alors je réduis en temps le changement en longitude, g.

A midi , la montre marquera g si la longitude est Ouest , et 12 heures — g si la longitude est Est

---

IV . 18
Rectification de l'état absolu en rade.

Formule : $$\sin \frac{P}{2} = \sqrt{\frac{\cos S \, \sin (S - H)}{\cos \varphi \, \sin \Delta}}$$

— Calculs préliminaires —

Je convertis l'heure de la montre, matin ou soir, de l'énoncé en temps civil vrai Tvg ;

Matin : Tvg = Heure montre }
Soir : Tvg = Heure montre + 12^h } date de l'énoncé

Je combine Tvg avec G, en temps (W +, E —), ce qui me donne Tvp appr.

J'ajoute M, A — M et Tmp — A, ce qui me donne Tmp appr., que je fais concorder avec Tvp appr., en ajoutant ou retranchant, si c'est nécessaire, 12 heures, au total des trois quantités.

Je note la date et je calcule l'argument pour choisir D_0 et Ec_0, d'où je déduis $D \odot$, Em et Ev = — Em.

J'ajoute ou je retranche les pp selon que les éléments D et Ec vont en augmentant ou en diminuant en valeur absolue

De D, je déduis Δ :

$\Delta = 90 - D$, si φ et D sont de mêmes noms

$\Delta = 90 + D$, si φ et D sont de noms contraires.

En prenant D, dans les E.N. j'ai soin de noter la valeur de $d \odot$.

Je corrige ensuite la hauteur par les formules :

$$Hi \pm \varepsilon = Ho ;$$
$$Ho - dép. = Ha_R ;$$
$$Ha_R - R = Ha ;$$
$$Ha + \overline{\omega} = Hv ;$$
$$Hv \pm d = Hv \odot .$$

Si j'ai observé le bord inférieur, le demi-diamètre d est à ajouter. Pour le bord supérieur, il est à retrancher.

<u>— Calcul de Tvg et de Tmp — A —</u>

Ces calculs préparatoires terminés, je cherche l'angle au pôle au moyen de la formule :

$$\sin \frac{P}{2} = \sqrt{\frac{\cos S \sin (S - H)}{\cos \varphi \sin \Delta}}$$

en ayant soin d'interpoler tous les logarithmes et cologarithmes de la formule.

Le total des logarithmes et cologarithmes donne : 2 log. sin $\frac{P}{2}$. J'en prends la moitié, ce qui donne : log. sin $\frac{P}{2}$

Je cherche ce sinus dans la table, et j'obtiens $\frac{P}{2}$ j'exprime <u>en temps</u>, < 6 heures. J'ai soin d'interpoler pour obtenir le dixième de seconde de temps.

Doublant $\frac{P}{2}$, j'obtiens l'angle au pôle, P.

Si c'est le matin, j'ai ensuite : $T_{vg} = 12^h - P$

Si c'est le soir, je pose : $T_{vg} = 12^h + P$

Combinant T_{vg} avec E_v, j'obtiens T_{mg}.

Je combine ensuite T_{mg} avec G en temps, calculé exactement en heures, minutes, secondes et dixièmes de secondes (CTB), ce qui me donne T_{mp}.

Formule :
$$T_{mg} \pm G = T_{mp} \quad (W+, E-).$$

Je combine M et A−M pour avoir A.

Enfin, retranchant A de T_{mp}, j'obtiens l'état demandé, $T_{mp} - A$, à l'instant T_{mp}.

IV . 19

Heure et hauteur vraie approchées, à l'instant des circonstances favorables au calcul de l'heure (Soleil).

Formules :
$$\cos P = \frac{tg\ D}{tg\ \varphi} \qquad \sin H_p = \frac{\sin D}{\sin \varphi}$$

Je présume, pour l'instant inconnu, 8 heures du matin le n, ou 4 heures du soir, sans calcul ; on a donc :

T_{vg} présumé $= 8^h$ le matin , T_{vg} présumé $= 16^h$ le soir , dates de l'énoncé.

Combinant T_{vg} avec g_e en temps (W+ , E−), j'obtiens T_{op} présumé.

Je prends à vue la déclinaison du Soleil, en la calculant avec T_{op} au lieu de T_{mp}, ce qui est suffisant pour ce calcul.

Je fais alors cadrer, dans la table des circonstances favorables F T. XXIII, φ et D, ce qui me donne, sans calcul, la hauteur approchée de l'astre et son angle au pôle.

De l'angle au pôle P, je déduis T_{vg} de l'instant favorable au calcul d'heure.

Comme le navire a marché en longitude depuis le dernier réglage, pour obtenir l'heure que doit marquer la montre, j'ajoute g en temps à T_{vg}, si g est W ;

je la retranche, si g est Est.

(L'instant obtenu par ce calcul est celui où $Z_v =$ 90°, si φ et D sont de mêmes noms, et $D < \varphi$; l'instant où $A = 90$°, ce qui correspond à l'azimut maximum, si φ et D sont de mêmes noms et $D > \varphi$).

Ce calcul peut aussi se faire par les tables Bertin en procédant comme suit :

On entre dans la table en cherchant la ligne du plus petit des deux éléments D ou φ et on feuillette les pages jusqu'à trouver en colonne NS le complément le plus grand : φ_ω ou D_ω.

A côté de ce complément, en EW, est la distance zénithale et toujours en tête de colonne, est l'angle horaire astronomique ou l'angle au pôle, aigus.

Dans ce cas, l'azimut vaut 90°

Dans ce cas, l'angle à l'astre vaut 90°

Enfin, ce même calcul se fait très simplement par les Tables Graphiques Constan, sans calculs ni interpolations, en procédant comme suit :

1°- Si φ et D sont de noms contraires et si $D < 90° - \varphi$ l'instant des circonstances favorables est celui du lever ou coucher vrai que je calcule comme dans la Série I, question 2.

2°- Si φ et D sont de mêmes noms, j'applique les règles schématisées sur les pages de gauche de G.T. II

Les résultats s'obtiennent à la minute pour T_{vg}, au dixième de degré pour H_v.

____

V . 20

Tableau de déviations par le Soleil.

De l'heure civile milieu prise à vue, je conclus Tvg, qui, combinée avec Ge en temps (W + , E −), donne Tvp appr. Avec Tvp, à la place de Tmp, je calcule D ☉ à vue.

J'inscris dans la première colonne des tableaux, les angles au pôle successifs qui ont pour valeur 12 heures moins les heures de la montre, le matin, et les heures mêmes de la montre, le soir.

En opérant comme pour un calcul d'azimut ordinaire, je détermine, au moyen de la table d'azimuts, les relèvements vrais successifs du Soleil.

Combinant les relèvements vrais avec les relèvements au compas, j'obtiens les diverses déviations.

Enfin je corrige chaque cap au compas de sa déviation, ce qui donne les caps magnétiques.

Il ne reste plus qu'à relever, dans le tableau final, les déviations qui correspondent au cap au compas et au cap magnétique donnés dans l'énoncé, et à tracer les courbes de déviations correspondantes, en prenant l'axe horizontal comme axe des caps et en portant les déviations NE vers le haut, les déviations NW vers le bas.

Il est bon de tracer deux courbes, une en prenant pour abcisses les caps magnétiques, l'autre les caps au compas.

V . 21

Point par deux hauteurs de Soleil.

Formules :

$$\sin H_e = \pm \sin \varphi_e \sin D + \cos \varphi_e \cos D \cos P_e = a + b \ , \ \text{et} \ \mathrm{tg} \, Z = p \cos \varphi_e .$$

Calculs préliminaires.

De l'heure de la montre, première observation, je conclus Tvg.

Matin : Tvg = heure montre
Soir : Tvg = montre + 12^h } date de l'énoncé.

Je combine Tvg avec Ge en temps (W +, E —), ce qui donne Tvp.

Ajoutant A et Tmp — A, j'obtiens Tmp appr., que je fais concorder avec Tvp, en ajoutant ou retranchant 12 heures, si c'est nécessaire.

Je fais une pp (cTc), de la marche a ; je la porte avec son signe, et j'obtiens Tmp exact. Je note la date et je calcule l'argument pour choisir D_0 et E_0 dans les EN, d'où je déduis $D \odot$ et $E m$.

Ajoutant $E m$ à Tmp, j'obtiens Tvp.

Combinant Tvp avec Ge, en temps (W +, E —), j'obtiens Tvg.

Si c'est le matin, j'ai ensuite :
$$P_e = 12^h - Tvg$$

Si c'est le soir, je pose :
$$P_e = Tvg - 12^h$$

Enfin, je corrige la hauteur par les formules :
$$H_o = Hi \pm c ;$$

puis pour le $\odot$: $H_v \odot = H_o + c . T I$

et pour le φ : $H_v \odot = H_o + c . T I'$

ou encore pour le $\odot$: $H_v \odot = H_o + F . T I$

et pour le φ : $H_v \odot = H_o + F . T I - 32'$

selon que j'utilise les Tables Constan ou les Tables de Friocourt.

Calcul de la première droite hauteur.

Ces calculs préliminaires terminés, je calcule H_e par la formule :
$$\sin H_e = \pm \sin \varphi \sin D + \cos \varphi \cos D \cos P_e = a + b.$$

Je calcule, par logarithmes, les deux termes, a . b, de cette formule :

a prend le signe + , si φ et D mêmes noms ;

a prend le signe — , si φ et D noms contraires ;

b prend le signe + , si $P_e <$ 6 heures ;

b prend le signe — , si $P_e >$ 6 heures.

Le total algébrique des quantités, a, b, donne la valeur de $\sin H_e$.

Remarque. — On doit calculer a et b avec 5 décimales, si on

veut obtenir H_e à la minute .

La table des sinus naturels (C. T VII ou F. T VIII) , fait connaître H_e , qu'on devra calculer , au dixième de minute près .

Retranchant algébriquement H_e de H_v , je connais la valeur , avec son signe , du vecteur azimutal $Z_e Z'$.

Une table d'azimuts quelconque me permet de calculer l'azimut vrai de l'astre .

Connaissant Z_v et $H_v - H_e$, je calcule les coordonnées du point déterminatif , Z' , de la droite de hauteur .

Afin d'éviter toute erreur , je fais un graphique à vue . Sur ce graphique , dont le milieu représente le point Z_e , je trace l'azimut Z_v ou l'opposé , selon que $H_v - H_e$ est positif ou négatif .

Dans la direction ainsi marquée , je porte $H_v - H_e$, ce qui indique la position (sans échelle) du point Z' . Une perpendiculaire à $Z_e Z'$, menée par le point Z' , donne la droite de hauteur . J'inscris à ses deux extrémités sa direction — qui est complémentaire de l'azimut vrai . (Voir l'exemple ci-contre) .

$$Z_v = S \, 75 \, E \; ; \quad H_v - H_e = -7'.$$

Ayant tracé le graphique à vue , on regarde quel est le chemin à faire pour aller de Z_e à Z' ;

Pour calculer les coordonnées du point Z' , il suffit de faire un premier problème de point , comme si , partant de Z_e , on faisait $H_v - H_e$ milles à l'angle de route $P Z_e Z'$ (c'est-à-dire au N 75 W dans l'exemple choisi) .

Ce problème terminé , on connaitra les coordonnées φ' , G' du point G' .

Transport de la première droite de hauteur .

Le navire ayant fait (m) milles à une route vraie, R_v , entre les deux observations , je transporte , par un calcul de point ordinaire , le point Z' en Z'_1 , et je transporte —

la droite de hauteur du premier calcul parallèlement à elle-même en Z'_1. Pratiquement, au lieu de faire deux calculs de point successifs, je les réunis en un seul, ce qui équivaut à faire un point estimé comportant deux routes, l'une de $H_v - H_e$ dans la direction $V = \pm Z_e$, la ... de m nulles sur la route $R_v = C_v + W + $ dér. J'obtiens ainsi les coordonnées φ'_1 et G'_1 sans avoir à calculer φ' et G'.

Calcul de la deuxième droite de hauteur.

Avec les données de la seconde observation et supposant que Z'_1 représente le nouveau point estimé, je fais un second calcul exactement pareil à celui de la 1re observation.

Je remarque toutefois que l'état absolu de ce second calcul peut être égal à $T_{mp} - A + a$, si la nouvelle date de T_{mp} est supérieure d'une unité à celle du premier calcul.

En opérant comme au premier calcul on trouvera donc un nouvel azimut et nouveau vecteur azimutal.

Afin d'éviter toute erreur, on fera un nouveau graphique à vue. Le point Z' sera censé transporté en Z'_1, et la droite du premier calcul sera tracée par ce point dans la direction connue précédemment.

Par le point Z'_1, on tracera le second azimut ou l'opposé, selon que $H'_v - H'_e$ sera positif ou négatif; on portera fictivement et sans échelle $H'_v - H'_e$ vers l'astre, si $H'_v - H'_e$ est positif; à l'opposé, si $H'_v - H'_e$ est négatif, ce qui donnera le second point déterminatif Z'_2. On mènera par Z'_2 une perpendiculaire à la direction du second azimut et on obtiendra ainsi la seconde droite de hauteur.

(Exemple : $Z'_v = S\,20\,E$, $H'_v - H'_e = +9'$.)

Le point de rencontre Z des deux droites de hauteur montre (à peu près) sur le graphique à vue, la position Z du navire.

Terminaison par graphique exact.

Sur la feuille rayée verticalement, incluse dans les cahiers officiels, je trace en bas du papier, une ligne horizontale vers l'angle de gauche, je fais avec cette ligne, au moyen du rapporteur, un angle égal à la latitude (figure ci-contre).

Echelle des latitudes des milles et des $H_v - H_e$

Ech. des longitudes

Je marque les points de rencontre de cette ligne oblique avec les lignes verticales du papier. Je constitue ainsi une échelle des latitudes, sur laquelle on mesurera les milles, les $H_v - H_e$, et les $\Delta \varphi$.

Suivant le besoin, on prendra chaque division pour représenter 1 ou 2 minutes de latitude ou davantage.

L'écart horizontal des lignes verticales donne l'échelle des longitudes, chaque division représentant 1, 2 minutes de longitude ou davantage.

Cela fait, en un point du papier convenablement choisi, me guidant sur le graphique à vue, je place arbitrairement le point Z'_1. Par ce point, je trace un axe vertical et un axe horizontal. Puis je reproduis avec exactitude, au moyen de la règle et du rapporteur, le dessin indiqué par le graphique à vue, ayant soin de mesurer $H_v - H_e$ à l'échelle oblique.

Le dessin terminé, il n'y a plus qu'à lire sur le graphique, les coordonnées du point Z.

La distance verticale entre le parallèle du point Z et le parallèle du point Z'_1, évaluée à l'échelle oblique, fait connaître de combien la latitude du point Z diffère de la latitude du point Z'_1.

L'écart horizontal entre le méridien du point Z et le méridien du point Z'_1, évalué à l'échelle horizontale, fait connaître de combien la longitude du point Z diffère de la longitude du point Z'_1.

On a ainsi :
$$\varphi = \varphi_1 \pm \Delta \varphi_1$$
$$G = G_1 \pm \Delta G_1$$

Le graphique indique le sens des corrections $\Delta \varphi'_1$ et $\Delta G'_1$.

Terminaison par calcul

Pour terminer par calcul la détermination du point Z, on peut aussi — et c'est préférable parceque plus sûr — ajouter au modèle imprimé comme l'indique le type, le détail du calcul complémentaire suivant :

Formule :

$$Z'_1 Z = (H'_v - H'_e)\ \text{coséc}\ Z'_1 Z Z'_2$$

L'angle $Z'_1 Z Z'_2$, angle aigu des deux droites de hauteur, ou des deux directions azimutales, s'évaluant sur le graphique même ; $Z'_1 Z$ étant connu, j'entre dans la Table de point avec $V' = P'Z'_1 Z$ ou $PZ'_1 Z$ et $m = Z'_1 Z$.

Le chemin NS, trouvé, représente $\Delta L'_1$ et le chemin EW représente, en milles, la distance des méridiens Z et Z'. Je calcule alors le changement en longitude correspondant, $\Delta G'_1$, de sorte que j'ai finalement :

$$\varphi'_1 = \ldots\ldots \qquad\qquad G'_1 = \ldots\ldots$$
$$\Delta L'_1 = \ldots\ldots \qquad\qquad \Delta G'_1 = \ldots\ldots$$

$$\varphi = \ldots\ldots \qquad\qquad G = \ldots\ldots$$

ce qui me fait connaître le point Z.

V . 22

Réglage de la montre et du compas par la hauteur du Soleil.

Formules :

$$\sin \frac{P}{2} = \sqrt{\frac{\cos S \sin (S - H)}{\cos \varphi \sin \Delta}}, \qquad \cos \frac{Z}{2} = \sqrt{\frac{\cos S \cos (S - \Delta)}{\cos \varphi \cos H}}$$

Calculs préliminaires

De l'heure de la montre, je déduis Tvg, qui, combiné avec G_e (W+, E−), donne Tvp.

Je prends, dans les EN, la déclinaison du Soleil à 0 heure de Greenwich ; je fais une pp à vue pour Tvp [1].

___

[1] - On devrait passer de Tvp à Tmp, mais ces calculs étant peu délicats, il suffit de calculer $D\odot$ pour Tvp. L'erreur n'atteint jamais 12 secondes.

Je la combine avec ce qui me donne la D à l'instant de l'observation.

J'en conclus la distance polaire Δ :

Δ = 90 − D , si φ et D mêmes noms ;

Δ = 90 + D , si φ et D noms contraires.

Je fais ensuite le calcul de $\frac{P}{2}$ et de $\frac{Z}{2}$ en appliquant les formules qui donnent $\sin \frac{P}{2}$ et $\cos \frac{Z}{2}$.

Pour cela, je fais la somme 2S, des quantités H, φ, Δ, puis la demi-somme S. Je calcule ensuite, dans la table de Friocourt, les cologarithmes de cos H, de cos φ et de sin Δ, puis les logarithmes de cos S, de sin (S − H) et de cos (S − Δ), que j'inscris conformément aux formules dans les colonnes voulues.

Calcul de $\frac{P}{2}$

Le total des log et colog. de gauche, donne $2 \log . \sin \frac{P}{2}$

J'en prends la moitié, ce qui me donne $\log \sin \frac{P}{2}$.

Je cherche ce log. dans la table, et je trouve $\frac{P}{2}$, que je prends en temps < 6 heures.

Doublant, j'ai P. De P, je tire Tcg, qui est égal à 12 heures − P, le matin, et à P lui-même, le soir.

Comparant Tcg à l'heure de la montre, je vois de combien je dois l'avancer ou la retarder.

Calcul de Z.

Le total des quatre logarithmes de la dernière colonne, donne $2 \log . \cos \frac{Z}{2}$. J'en prends la moitié, ce qui donne $\log . \cos \frac{Z}{2}$.

Cherchant le log. cos dans la table (attention, c'est log cos et non log sin !), j'obtiens $\frac{Z}{2}$ que je prends en degrés et < 90°.

Doublant $\frac{Z}{2}$, j'obtiens l'azimut vrai, Z_v.

Cet azimut se compte à partir du pôle élevé, c'est-à-dire de même nom que φ, vers l'E le matin, vers l'W le soir.

Je ramène ensuite le relèvement au compas au même pôle que le vrai, pour faciliter la comparaison de Z_v et de Z_c, qui me fait connaître la variation vraie.

Formule algébrique : $Z_v − Z_c = W$

VI . 23

Point par une hauteur et une méridienne, astres quelconques.
(Méthode Marcq)

<u>Première observation</u>.

Je calcule la première droite de hauteur. Le chronomètre me permet d'obtenir l'heure Tmp de Greenwich.

On a ensuite :

$$T_{age} = T_{mp} + R_m \mp G_e - R_a$$

Si $T_{age} > 12$ heures, on a :

$$P_e = T_{age} - 12^h$$

et l'astre est à l'Ouest ;

que, si T_{age} est < 12 heures, on a :

$$P_e = 12^h - T_{age}$$

(Si le premier astre était le Soleil, je disposerais le type comme V. 21, première observation).

Le calcul de la première observation fera connaître, comme pour le Soleil :

$$H_v - H_e \quad \text{et} \quad Z_v.$$

Je fais un premier graphique à vue, sur lequel je porte le point Z_e et l'azimut Z_v.

Sur la direction azimutale, ou son prolongement, selon que $H_v - H_e$ est positif ou négatif, je porte, sans échelle, $H_v - H_e$, ce qui donne le point déterminatif Z' de la première droite de hauteur. Par ce point, je trace la perpendiculaire à l'azimut, qui donne la première droite de hauteur.

Je détermine ensuite par calcul, les coordonnées φ'_1, G'_1, en faisant un problème de point, comme si le navire, partant de Z_e, avait fait $Z_e Z$ milles (c'est-à-dire $H_v - H_e$), dans la direction $Z_e Z'$, puis une 2ᵉ route, égale avec $R_v = C_e + W + dét.$ et m.

<u>Calcul de la latitude méridienne</u>

<u>Deuxième observation</u>.

Le second astre peut être le Soleil, la Lune, une planète ou une étoile.

Le type sera donc différent selon l'astre observé.

A.. <u>Soleil</u>.—

Dans ce cas, je conduis mon calcul comme dans IV. 16.

B.— <u>Lune</u>.— ;

Si la seconde observation est une hauteur méridienne de Lune, je prends le modèle suivant de calcul de latitude pour la Lune :

D ☾ pour G	....	H_i ☾	....	90°	89°.60'.0
pp $(G.G'_1)$	....	$(\pm \varepsilon - \text{dép})$	....	H_v ☾	....
D ☾ au pass. de G'_1	....	H_a ☾	....	N	....
par	....	CT III ou ENT. IX	....	D ☾	....
		H_v ☾	....	φ	....

en n'oubliant pas que, pour la Lune, ε = err. instrumentale − dépression.

Je cherche, dans les Éphémérides méridiennes de la Lune, la déclinaison qui correspond à la longitude 12^h E, 6^h E, 0, 6^h W la plus voisine de G'_1, et je fais une pp. pour $G - G'_1$ en faisant bien attention au signe à donner à cette correction. En regard de G, je lis la parallaxe dont j'ai besoin pour calculer la correction T III de la hauteur.

Je corrige la hauteur en faisant bien attention au bord observé, puis je calcule la distance zénithale N en lui donnant le nom du pôle que j'avais derrière moi pendant l'observation. Combinant alors N et D ☾ comme dans le cas d'une hauteur méridienne de Soleil, j'en déduis φ.

C. — Planètes

Si l'astre observé est une planète, le type à employer sera le suivant :

Tmp passage à Gwich		le	D_0	H_i	
pp. p. G'_1			pp	ε	
Tmp passage en G'_1		le			
G'_1			D	H_0	
Tmp passage en G'_1		le		CT II ou ENT VIII	
				H_v	

90°	89° 60'	
H_v		
N		
D		
φ		

Je lis donc, dans les EN, l'heure du passage à Greenwich pour la date civile de l'observation méridienne et je cherche la variation de l'heure du passage en 1 heure de longitude, en faisant la différence des heures du passage le jour considéré et la veille si G'_l est E, le jour considéré et le lendemain si G'_l est W. Je multiplie ensuite G'_l exprimée en heures, dixièmes et centièmes (C.T.A) par la variation horaire et j'ai ainsi la pp pour G'_l. Je lui donne le signe convenable en regardant si l'heure du passage croît ou décroît selon que j'interpole de bas en haut ou de haut en bas.

J'obtiens ainsi l'heure Tmg du passage en G'_l, puis, en combinant ce Tmg avec G'_l, j'obtiens Tmp à l'instant du passage.

Ce Tmp me permet alors de calculer D et il ne me reste plus qu'à corriger la hauteur et la latitude, comme dans les cas précédents.

On obtient plus rapidement la variation de l'heure du passage pour 1° de longitude en retranchant de la variation de l'ascension droite de la planète en 1°, le nombre $9^s.86$ qui représente la variation de ARm en une heure.

D.— Etoiles.—

Si l'astre observé est une étoile, le calcul se simplifie considérablement, puisque la déclinaison s'obtient à vue. Le type est alors le suivant :

$$D = \begin{array}{l|l} H'_l & 9° \quad 89° 60' \\ \hline \varepsilon & H_v \\ \hline H_o & N \\ \hline T\,II & D \\ \hline H_v & \varphi \end{array}$$

Calcul de la longitude exacte.

Quel que soit l'astre observé à son passage au méridien, une fois φ connu, le calcul se termine d'une manière identique :

Je fais un graphique à vue, dont le centre est censé représenter le point Z'_l. En ce point, je trace la droite de hauteur du premier calcul, comme si elle s'était transportée parallèlement à elle-même.

Je trace ensuite le parallèle de latitude φ, en dessus ou en dessous du parallèle φ_1, d'après les valeurs respectives de ces quantités. La différence des deux latitudes donne $\Delta \varphi_1$. Le point Z est à la rencontre du parallèle et de la droite de hauteur transportée. Pour calculer KZ, c'est-à-dire $\Delta G_1'$, il suffit de multiplier le coefficient Pagel p (1er calcul) par $\Delta \varphi_1$.

$$\Delta G_1' = p \times \Delta \varphi_1' = \frac{\Delta \varphi_1' \times \cot g \, Z}{\cos \varphi}.$$

Corrigeant la longitude G_1' de cette correction, on obtient G. Le graphique à vue indique si le point Z est à l'Est ou à l'Ouest du point Z_1'.

Remarque. — Si on ne veut pas se servir du coefficient Pagel, on peut, comme au calcul IV.16, déterminer par la table de point la valeur de KZ en chemin EW, et le convertir en changement en longitude.

VI . 24

Heure A_0 du chronomètre à l'instant du passage d'un astre au méridien.

Formules :

$$Tmp' = 12^h + RA_a - RA_m + Ge \qquad \text{Intervalle} = Tvg' - Tvg$$

Comme le second membre de la première formule contient des éléments que je ne puis obtenir qu'à l'aide de Tmp, c'est-à-dire de l'heure cherchée, je suis obligé de procéder par approximations successives. Je prends donc $12^h + RA_a$ à vue pour le jour civil considéré et j'en retranche RA_m pour avoir Tmg' approché. Combinant Tmg' et Ge, j'obtiens Tmp approché.

En combinant Tmp' approché et Em prise à vue, j'obtiens Tvg' approché et par suite l'intervalle de temps qui doit s'écouler jusqu'à l'instant du passage. Réduisant cet intervalle en heures et décimales (C.T.A), il me suffira donc de le multiplier par la vitesse pour avoir le nombre de milles que parcourra le navire jusqu'à l'heure du passage. Un point estimé fait avec Rv et ce nombre de milles me fera connaître l, e et surtout g qui, combiné avec Ge me donnera la longitude estimée G'e à l'instant du passage.

Je puis donc maintenant faire ma seconde approximation. A l'aide de Tmp' je vais calculer tout d'abord Rm et Ra, puis de nouveau $12 + Ra - Rm$, ce qui me donnera Tmg'. Tmg' combiné avec Ge me donnera Tmp' et enfin Tmp' moins l'état absolu me donnera l'heure demandée A avec une approximation suffisante pour un calcul de mer.

VI . 25
Liste des astres qui passeront au méridien

Formules :

$$AH'sg = AH'vg + AR_v \quad , \quad AH''sg = AH''vg + AR_v$$

Choix des astres.

Aux deux époques données, converties en temps vrai, j'ajoute AR_v à vue, ce qui donne les limites sidérales extrêmes de calcul.

Sont admissibles, comme AR, tous les astres dont les AR sont comprises entre AH'sg et AH''sg pour le passage supérieur, et entre AH'sg + 12 heures, et AH''sg + 12 heures, pour le passage inférieur.

Comme on doit, en outre, ne pas prendre de hauteur moindre que 10° ou plus grande que 80°, on voit facilement sur le graphique, à vue du méridien du lieu, quelles sont, en déclinaison, les astres admissibles ou à rejeter.

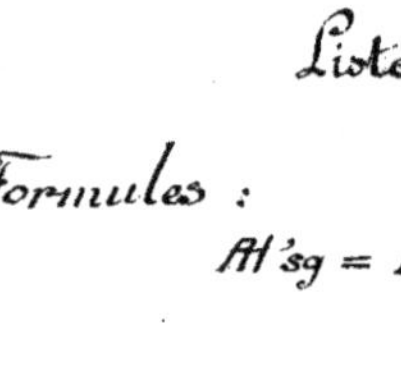

(Faire le graphique analogue à celui ci-contre).

Calcul des heures du chronomètre.

Formules :

$$A = 12^h + \mathcal{R}a - Corr. \qquad (\text{Méridien supérieur})$$
$$A = \mathcal{R}a - Corr. \qquad (\text{Méridien inférieur})$$
$$Corr = \mathcal{R}m + (Tmp - A) - Ge$$

Je commence par calculer la correction et, si elle ne peut pas se retrancher de $12 + \mathcal{R}a$ ou de $\mathcal{R}a$, j'ajoute 12^h à ces quantités, afin de trouver pour A des valeurs positives et inférieures à 12^h.

Je combine ensuite les déclinaisons des astres admissibles, comme $\mathcal{R}$ et D, avec la colatitude λ pour obtenir les hauteurs en ayant soin de consulter le graphique pour voir si D et λ doivent être ajoutés ou retranchés et pour reconnaître face à quel pôle chaque observation doit avoir lieu.

On n'inscrit dans les tableaux que les principaux astres qui seront observables (Étoiles - Planètes - Lune).

VII. 26

Point par deux hauteurs d'astres quelconques.
(Méthode Marcq.)

Ce calcul s'explique et se conduit exactement comme le calcul (V. 21), sauf que Tag_e s'obtient par la relation :

$$Tag_e = Tmp + \mathcal{R}m - Ge - \mathcal{R}a.$$

Les graphiques se tracent aussi comme ceux du calcul (V. 21).

VII. 27

Détermination du nom d'un astre observé.

De l'heure de la montre, je déduis $Tog\ app.$, puis, avec Ge, Top approché et sa date. Je fais ensuite la somme de A et de $Tmp - A$ qui me donne Tmp, que je fais cadrer avec $Top\ appr.$

À l'aide de Zc et de W, je calcule Zv et je corrige

également la hauteur, ce qui me donne H_v. Enfin, je calcule R_m.

Calcul de Tag et de D.
(Table d'azimuts au choix).

1°. Tables Bertin.—

Ce calcul se fait en deux entrées seulement :

La première entrée faite avec la hauteur h et l'azimut Z, fournit :

$$NS = c = \ldots \ldots \qquad EW = b = \ldots \ldots$$

On donne toujours à c le nom du pôle, de l'azimut aigu.

On somme algébriquement : $c + q$, et la deuxième entrée se fait avec b et $(c + q)$. Elle fournit :

$$NS = P\omega = \ldots \ldots \qquad EW = D = \ldots \ldots$$

$P\omega$ est le complément, de l'angle au pôle. Et l'angle au pôle $P = 90° \mp P\omega$, est, suivant le cas, choisi aigu ou obtus, de la même espèce que $(c + q)$.

La déclinaison D est du nom de $(c + q)$.

C'est, comme on le voit, simple et rapide.

2°.— Tables Graphiques Constan.—

Le schéma, ci-contre, résume les opérations à effectuer :

J'entre dans la table, verticalement avec H_v, horizontalement avec Z_v, et je lis les numéros :

$$\beta' \qquad \text{et} \qquad \alpha$$

des courbes passant par le point d'intersection A de l'horizontale correspondant à H_v et de la verticale correspondant à Z_v. Je lis β' et α en degrés et dixièmes de degrés soit à $6'$ près, ce qui est aussi facile que d'évaluer sur une carte le dixième de mille.

Je retranche de β' la colatitude λ (fournie par $G.T.I$) ce qui me donne un résultat que j'appelle β.

Je puis alors, avec la pointe d'un crayon, la courbe α jusqu'à sa rencontre en B avec la courbe β: sur l'horizontale passant par B, je lis sur l'échelle de droite la valeur de D à 6' près, et sur la verticale du point B, je lis, sur l'échelle du bas AHag (Tag, avec les anciennes notations d'avant le 1ᵉʳ Janvier 1928). Je donne à D le nom du pôle élevé selon que β est + ou − et je prends pour AHag la valeur indiquée par la Table (page de gauche), sans avoir besoin de l'angle au Pôle.

Calcul de ARa.

Quelle que soit la table employée, après avoir obtenu AHag. pour obtenir ARa, je calcule Tsg par la relation :

$$Tsg = Tmp + ARm - Ge$$

puis, j'en déduis :

$$AHsg = Tsg - 12^h$$

(Pratiquement, il suffit de faire toujours $Tsg + 12^h$, en retranchant 12^h à la somme si elle dépasse 24^h).

Enfin, j'obtiens :

$$ARa = AHsg - AHag.$$

Il ne me reste plus qu'à feuilleter les EN des étoiles et planètes pour trouver le nom de l'astre observé.

N.B. — Les T. de Bataille permettent aussi la résolution du même problème, mais avec un peu moins de précision que les Tables ci-dessus. Lire dans l'ouvrage même, la manière de s'en servir pour la résolution de ce problème.

VII. 28
Azimut par l'heure du lieu (astres quelconques)

Je calcule d'abord Tsg appr. par la formule :
$$Tsp\ appr = Tsg\ appr. \pm Ge \quad (W+, E-).$$

puis :

$$A + (Tmp - A) = Tmp \quad (faire\ concorder).$$
Pour cet instant Tmp, accompagné de sa date, je prends

à vue : Da , ARa et $AR\,m$,

dans les EN.

    J'ai ensuite :

$$Tmp + ARm = Tsp \quad (\text{retrancher } 24 \text{ heures si } Tsp > 24 \text{ heures})$$

puis :

$$Tsp - Ge = Teg \quad (\text{ajouter } 24 \text{ heures, au besoin, pour la soustraction})$$

    On a ensuite :

$$Tag = Tsg - AR$$

Enfin, si $Tag < 12$ heures, on a :

$$P = 12^h - Tag$$

l'astre est alors à l'Est.

    Et si $Tag > 12$ heures, on a :

$$P = Tag - 12^h$$

et l'astre est alors à l'Ouest.

    P étant connu (pour les T. Graphiques Hag suffit et s'obtient en faisant la somme $Tag + 12^h$ et en retranchant 24 heures au total s'il dépasse 24^h.)

    J'entre dans les T. de Bataille, Bertin ou Constan et j'obtiens Zv . Il ne me reste plus qu'à calculer la variation en formant $Zv - Ze$.

VIII . 29

Point par trois hauteurs d'étoile.

    Ce calcul comporte trois calculs identiques de droites de hauteurs, méthode Marcq, en prenant, pour point de départ des trois vecteurs azimutaux, le même point estimé Ze, donné dans l'énoncé.

    Le calcul est le même, pour chaque droite séparée, que le calcul des droites de VI. 23 1re observation.

    Toutefois, pour abréger le calcul des angles au pôle, 2e et 3e observation, on ajoute à Tsg les intervalles $A'' - A'$ et $A''' - A'$, ce qui donne rapidement $T'sg$ et $T''sg$.

    Je calcule donc les trois droites de hauteur comme au type 26 par la formule :

$$\sin He = \pm \sin \varphi e \, \sin D + \cos \varphi e \, \cos D \, \cos Pe = a + b.$$

ce qui donne les valeurs successives :

Tables Bertin

La disposition du calcul est la suivante :

avec $a_\omega = \varphi$ et $B = g$ $\qquad\qquad$ avec $a_\omega = V_\omega$ et $\beta = \varphi_\omega$

$$G'' = \ldots\ldots \qquad x = \ldots\ldots \qquad y = \ldots\ldots \qquad \Delta G_\omega = \ldots\ldots \qquad \lambda_\omega = $$

$$G' = \ldots\ldots \qquad \varphi' = \ldots\ldots \qquad\qquad \Delta G = \ldots\ldots$$

$$g = \ldots\ldots \qquad\qquad = x + y \qquad G' = \ldots\ldots \qquad \lambda = \varphi.$$

$$V_\omega = \ldots\ldots \qquad M_\omega = \ldots\ldots \qquad G_v = \ldots\ldots \qquad \varphi_v = $$

$$V = \ldots\ldots \qquad M = \ldots\ldots$$

avec $a_\omega = \lambda_\omega$ et $B = \Delta G + 10°$ $\qquad$ ou $\Delta G + 20°$ $\qquad$ ou $\Delta G + 30°$

$\varphi_1 = \ldots$	$V_1\omega = \ldots$	$\varphi_2 = \ldots$	$V_2\omega = \ldots$	$\varphi_3 = \ldots$	$V_3\omega = \ldots$
$\varphi_1 = \ldots$	$V = \ldots$	$\varphi_2 = \ldots$	$V = \ldots$	$\varphi_3 = \ldots$	$V_3 = \ldots$

Tables Graphiques Constan.

Le type du calcul est le suivant :

$$G'' = \ldots\ldots \qquad\qquad TG\ I \ \therefore \ \text{une} \quad \lambda' = \ldots\ldots$$

$$G' = \ldots\ldots \qquad\qquad\qquad\qquad \beta = \ldots\ldots \qquad \alpha = \ldots\ldots$$

$$g = \ldots\ldots = h \quad m \qquad TG\ II \begin{cases} \beta = \lambda' + \beta = \ldots\ldots \\ V = \ldots\ldots \qquad m' = \ldots\ldots \\ m = 90° - m' = \ldots\ldots \end{cases}$$

$$TG\ II \quad K = \ldots\ldots \qquad\qquad\qquad G' = \ldots\ldots$$

$$TG\ II \quad \lambda_v = \ldots\ldots \qquad\qquad g_v = 90° \pm K = \ldots\ldots$$

$$\varphi_v = \ldots\ldots \qquad G_v = \ldots\ldots$$

Coordonnées des points pour $\Delta G = 10°$. $20°$ ou $30°$

avec $\beta = \varphi_v$ et $P = g_v - 10°$ $\qquad$ ou $g_v - 20°$ $\qquad$ ou $g_v - 30°$

$$\varphi_1 = \qquad\qquad \varphi_2 = \qquad\qquad \varphi_3 = $$

$$G_1 = G_d + 10° = \qquad G_2 = G_d + 20° = \qquad G_3 = G_d + 30° = $$

La règle à suivre pour obtenir φ_1 φ_2 φ_3 est indiqué par le schéma ci-contre :

Les règles pour le calcul de V, m, φ_v et g_v sont indiqués schématiquement dans $GT\ II$ page 82 et n'offrent aucune difficulté d'application.

Table R.

Mise en place des globes compensateurs.

$\Delta = \sqrt{D^2 + E^2}$	Diamètre des globes en millimètres.										
	114	129	140	152	165	178	190	203	216	229	254
	m/m.	m/m	m/m	m/m	m/m	m/m	m/m	m/m	m/m	m/m	m/m
1°	260	289	318	347	376	405	434	463	492	521	579
1°5	220	245	269	294	318	343	367	392	417	440	489
2°	193	216	239	260	282	303	325	346	368	390	433
2°5	176	196	216	236	256	275	294	314	334	354	393
3°	163	181	199	217	236	253	272	290	308	326	363
3°5	152	169	186	203	220	236	253	270	287	304	338
4°	143	159	175	191	207	222	238	254	270	286	318
4°5	136	150	165	180	196	210	224	240	255	270	301
5°	128	142	157	171	186	200	214	229	243	258	286
5°5	123	137	150	164	178	191	204	219	232	246	273
6°	118	131	144	157	170	183	196	209	222	236	262
6°5	114	126	138	151	163	175	188	201	213	226	251
7°	109	121	133	145	157	169	181	193	206	218	242
7°5	105	116	128	140	151	162	175	187	198	211	233
8°	102	113	124	136	147	158	170	181	192	204	226
8°5	98	109	120	131	142	154	165	175	186	197	219
9°	95	106	117	128	138	149	160	170	180	191	213
9°5	93	103	113	123	134	144	155	165	175	186	206
10°	90	101	111	121	131	141	151	161	171	181	200
10°5	88	98	108	118	127	137	147	157	167	176	195
11°	86	95	105	114	123	133	143	153	162	171	190
11°5	84	93	103	112	121	130	140	149	158	167	186
12°	82	91	100	109	118	127	136	146	155	163	182

Exemple :

Sachant que $D = -1°,8 \qquad E = +0°,7$

Calculer la distance à laquelle devront être placés des globes de $203^{m}/_m$.

On a : $\Delta = \sqrt{1°,8^2 + 0°,7^2} = \sqrt{3°,73} = 1°,9$

La Table donne alors : $d = 355^{mm},2$

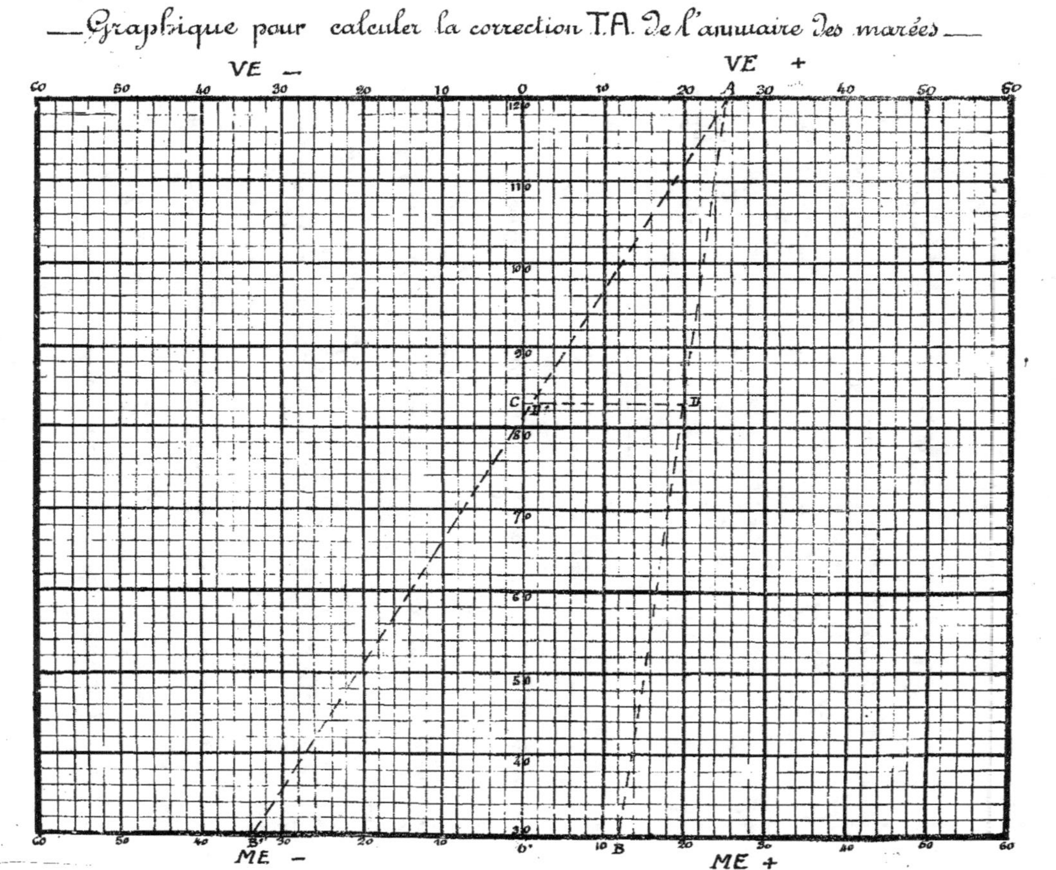

Graphique pour calculer la correction T.A. De l'annuaire des marées
VE —
VE +
ME —
ME +

Règle.

Porter VE positivement à droite, négativement à gauche

Porter ME _________ d° _________ d° _________

Joindre par une droite les extrémités des deux segments ainsi obtenus, puis, par la division correspondant à c, mener une parallèle à la base du graphique jusqu'à sa rencontre avec la droite joignant les extrémités de VE et ME. La longueur de cette parallèle sera la correction de la T.A.

positive si elle est à droite de l'axe central,

négative, si elle est à gauche.

1er Exemple :

$$VE = + 1^h 25^m \qquad ME = + 1^h 12^m \qquad c = 83.$$

Prendre OA = 25^m, O'B = 12^m. Joindre AB, et par le point C = 83 trouver CD. On aura : CD = 19^{m}5 et par suite : TA = 1^h + CD = 1^h 19^m,5

2ème Exemple :

$$VE = + 25^d \qquad ME = - 33° \qquad c = 83.$$

Prendre OA = + 25 $\qquad$ OB' = - 33,5. Joindre AB', puis par C = 83, trouver CD'; on aura : TA = + 1°,0.

Table des Matières